中国的

「今を生きる」生活。

はじめに

荷物を持って、階段をのぼっていくと、突然、階上から住人が下りてくる。

ガガーーッ、ペッ。

足音とともに、のどに引っかかるタンを絞りだそうとする男が近づいてきた。吐き捨てられたタンは、階段のどこかにこびりついているはずだが、裸電球しかぶらさがっていない踊り場からは薄暗くてよく見えない。

足音が近づいてやっと、そのおじさんが子犬を連れていることに気づいた。もちろんリードなど、ついてない。

ぎゃんぎゃんぎゃんと近づいてきて吠える、マルチーズとおぼしきその犬は、新参者を見つけ、ガルルルとうなりながらこちらをにらむ。私と娘は、あまりに突然の出来事におびえ、夫の背後に隠れてちぢこまった。

このまま犬にかまれて狂犬病になりたくない。握っている娘の手汗はものすごいことになっている。

「だいじょうぶだよ」と、ありきたりなことを夫は言うのだが、だいじょうぶなわけない。すでに薄暗い建物の屋内で、半目で様子をうかがっていると、飼い主が犬に向かって大声でがなりたてた。「しずかにしろ！」とか「こっちへこい！」とかなんとか。とたんに、ビクついた子犬はおとなしくなり、飼い主の後ろをひょこひょことついていった。

正気を取り戻した私は、半分怒りながら夫に尋ねる。

「なんで犬が放し飼いなの」
「中国の犬はおとなしいからだいじょうぶだよ」
「犬に国籍関係あるわけ」
「心配しなくていい」
「それに、どうしてこの団地、こんなに汚れてるの」
「だれも掃除しないからだよ」
「どうして掃除しないのよ」
「だって、関係ないじゃん」

夫は、日本語があまりうまくない。そのうえ、突然の犬に惑わされ、すっかり恐怖と不安と怒りで心が煮えたぎっている女子どもの気持ちに配慮できるほど、繊細さのある人でもない。

「だから中国はよ……これだからよ……」と、思いっきり叫びたいのであるが、ここでそんな叫びを聞いてくれる人なんて、誰もいない。

「いらっしゃい。よく来たねえ」

厚い扉を開けて、義母が迎えてくれた。

玄関からのぞく、土足でいいのかスリッパに履き替えるのかよくわからないほど、黒ずんだ台所の床に、ひるむ。

せっかく、数カ月分のゴミ、数日分のタバコやタンがある階段やその手すり、踊り場を乗り越えてきたというのに、今から足を踏み入れようとする部屋までもが、土足で歩いてもたいして変わらないほど、汚れていた。

60平米ほどの2DKの小さな部屋。義母は、5年前に夫を亡くして一人暮らし。それ以降、生活のあらゆることに無頓着になったというが、これはどう見ても過去20年分そのまま、といったたたずまいである。

義母は、客人をもてなすつもりだったのか、台所を掃いたついでに、玄関からそのまま埃を玄関の外にシャーと掃きだした。

砂埃といっしょに、玄関外にゴミが舞う。他の2戸の住人は、ぴしゃりと扉を閉め、それに気づく気配もない。自分のうちの玄関そばまで飛んでくるゴミに文句を言う様子もなければ、その後、誰かが片付ける気配もない。

一歩外に出れば、そこは自分の空間ではないのだ――。

踊り場から漂う、無言の主張。

それでいいわけ……？　初日から軽くめまいを感じずにはいられない。

実家の階段を上るとき。

それは、いきなり、「私とは一体何者なのか」を、思いっきりつきつけられる瞬間だった。

ついでわき上がる、「衛生」とは何か、「公共性」とは何かという問い。果たして、家族とは？　他人とは？　そして、中国とはいったい全体どうなっているのだ……？

これが、遼寧省《りょうねいしょう》瀋陽市《しんようし》へやってきて最初に感じた、ありのままの思い。同時に、「脱・わたし」のスタート地点。ここからわたしは、中国というものを、暮らしの中でゆっくりと体感し、消化し、最後に自分が、崩壊していくのである。

「新しい部屋が見つからないなら、ずっとここにいてもいいのよ」義母は屈託なく笑った。どうしてそんなことが言えるのだろうか、と笑顔が本気でひきつったことを、昨日のことのように思い出す。

目次

第2章　犬と一緒になったなら

第3章　連絡は当日までにやってくる

第４章　ＩＫＥＡにいけば中国がわかるかもしれない

第5章　わたしが瀋陽で結婚式をあげた理由

第1章　ルールのない道を渡るということ

家賃から学ぶ中国的交渉術

一刻も早く実家を出なければならない。

顔面蒼白で、連日のように不動産をまわった。夫は、「焦らなくても」というが、私にはもう時間がない。

しかし、不動産を扱う個人事業主をいくつかまわり、条件のよさそうな物件をいくつか内見させてもらうのだが、どのマンションも、ひどい有様だった。

玄関の外はわれ関せず、といった意味では似たりよったりで、公共の踊り場もひどい汚れだったし、自分の持ち家でもない限り、日本では考えられないレベルの老朽化、痛み具合。誰かのための管理や補修など、してくれないのだと悟る。

繁華街から車で15分圏内の住宅街、実家近くの砂山街《シャーシャンジエ》で、家賃2000元前後（約3万円／2012年当時）、家具付きという条件が甘いのか。しかし、家賃2000元というのは、一般的な団地（60〜80平米）の平均家賃が1000元前後だと考えると、このエリアではかなり高いほうだ。

やる気のなさそうな個人業者ではあてにならないので、マンゴー不動産というトロピカルな名前でチェーン展開している不動産業者へ。担当してくれた、グッチのベルトを巻いた若いお兄ちゃんは、斜めに切りそろえた茶髪の前髪をゆらしながら、こう言う。

「気に入らない？　じゃあ気に入るまで付き合うよ」

その熱心さに思わず警戒しそうになるが、この契約が自分のギャラを左右するのだから、考えてみれば当然のことだ。３軒を回って即決できずに別れた、その日の夕方。早速グッチベルトのお兄ちゃんから電話が入った。

「今すぐ来られる？　大家さんが来てるんだ」

滑翔路《ファーシャンルー》という、実家から歩いて10分ほど離れたところにある住宅街は、夫の子どものころはまだ大根畑だったというが、20年ほど前に早い段階で開発に手がかかったいわゆる新興住宅地。そのエリアに、一番早く作られた高層マンションに空きが出るのだという。

待機していた大家さんは、毛皮コートにギラギラとした宝石を身につけた40代の姉妹だった。まだ住人がいる部屋の中を、姉妹が案内してくれるという。

「パソコン以外のすべての家具は、備え付けなので置いていくよ」、と、片手に茶碗を持ち、ハーフパンツとランニング姿のおじさんがご飯をかきこみながら言う。

瀋陽ではとてもめずらしい、ダークブラウンのフローリング。3階の角部屋、白い壁と映えて、引き締まって見える100平米の2LDK。家賃2300元。手頃ではないか！

私たちの心はほぼ決まり、お兄ちゃんもほほえみながら、「契約するなら明日、店へ来て」と、私たちとその姉妹に言い残し、さわやかな笑顔で去っていった。

翌日、マンゴー不動産へ全員がそろう。

中国の賃貸契約は、年間、もしくは半年ごとの一括払い。手数料として、家賃の半分、1150元を不動産屋に支払う。家賃一カ月分は大家への礼金とのことだった。顔を突き合わせ、不動産の権利証に嘘がないか、お互いによく確認してから、笑顔で契約を済ませた。

その後のことである。

「帰るのはどっち？　方向が同じなら途中まで乗せていってあげる」

大家の姉妹に促され、シトローエンに乗り込む。革張りのシートにうずくまってしばらくすると、突然、姉とおぼしき方が、夫に向かって声をあらげた。

「まったく。昨日あの後あなたたちを追いかけたのよ。でも間に合わなかった。さっきは不動産屋がいたから言えなかったけど、契約するなら、直接やればいいじゃない。不動産屋抜きなら、今日の手数料なんて払う必要ないんだから。あんたもそうだけど、私たちもまったく、大損だわ」

げ！　そうなの。じゃあ、直接交渉してもよかったってわけ？

「そんな思いっきり中国のやり方、わかんないよ」

このときほど、隣にいる中国人が、頼りなく感じたことはない。

夫は、23歳で中国を出てから、右肩上がりの経済成長を続ける中国で商売のルールがどう存在しているかを、ほとんど経験していない。そのあとは、日本で、日本独特の、空気を読むことや遠慮することやマナーを守ることを、みっちり、切実に、いや無意識に学び、習得し、従ってきたのである。

日本式のマナーや礼儀に従っている間に、中国における私たちはどんどん孤立していくみたいだ。「ものすごいとこ来ちゃった……」。危機感だけが募る。

けれど、「いい勉強をさせてもらった」なんて思ったのもつかの間だった。

無事引っ越しを終え、新しい部屋に住み始めて一週間ほど経ったある日、顔見知りになった階下のおばさんと挨拶を交わした。

例によって、私は日本人で、日本から帰ってきたばかりだというありきたりな内容を続けると、夫はこう尋ねた。

「2階の家賃、いくらなんですか」

「1700元よ。あなたのところは」

ふたりとも、返す言葉がない。広さも間取りも変わらない部屋の家賃が500元も違うってどういうこと？　夫も驚きを隠せない。

「2300元？　ありえないね。あんたたちだまされてるよ。このあたりなら、1700～1800元が相場よ」


おそらく、彼女たちに、だましたなんて意識はない。すべては交渉可能な価格であるという、中国における大前提をスルーしてしまう私たちが単に手ぬるかったにすぎない。何も言わなければすべておいしい条件で終わると知っていた姉妹を、どうして責められよう。

教訓。この国では、「暗黙の了解」や「遠慮」などはなんの役にも立たない。中国人と関わるなら、言いたいこと、欲しいもの、嫌なことは、はっきりと明確に、できれば大きい声で伝えねばならない。

生粋の日本人ほど最初はなかなか難しい。けれど、そうこうしている間に、目の前の「自分が欲しいもの」は、誰かのものになっていく。

日本帰りの中国人たち

この頃のわたしの癒し、それは、日本で知り合った瀋陽人たちと再会することだった。そうすれば、日本語を使えるし、日本のあれこれも共有することができる。その中でもわたしにとって大きな力になってくれたのは、夫の友人マーちゃんだった。

「帰るタイミングを間違えました。もう少し早く帰ればよかった」

久々の再会を果たしたマーちゃんは、うつむきがちにこう言った。

「瀋陽に戻ってみたら、携帯見ながら接客するし、話し声はうるさいし、マナーも悪いし。でも、中国は前よりはすごくよくなっているほう。帰ってくるのが、もう少し早かったら、この波にも乗れたのかなあって」

日本語ぺらぺらの28歳になるマーちゃんは、現在、日系企業の下請け会社で、靴製造工場のマネージャーを務める。日系とはつくものの、人件費が安いからこそ進出するこの会社の月給にして２８００元（約４万円／２０１２年当時）。

日本文化も熟知しているので、日本との交渉や中国人スタッフらのマネージメントなど、仕事は半端なくある。けれど、給料が上がっていかない。現地採用なため、せっかく「日系」という〝ブランド〟企業に入れたのに、お金の面では苦労していた。

「このままでいいのかなあって思うときあるんですよ。仕事は忙しいのに給料が上がらないのは……。交渉もしているんだけど、日本人の上司って、なかなか話を聞いてくれない。いま仕事をやめるわけにもいかないし……」

帰国するタイミングを間違えた。これは、日本で知り合った中国人たちと瀋陽で再会して、ほとんどの人から聞いた言葉だ。

日本帰りだからといって、一目置かれることもないが、ばりばりの中国ルールに縛られることもない。残念なのは、中途半端に日本的な文化が身についてしまっているので、日常のストレスが絶えないことだ。わかるわかる、そうだろうそうだろう。同調してみたところで、彼らには現実がある。

戻ってみたら、自分の生まれ故郷といえども日本とは違いすぎる、環境、価値観、暮らし……。しかも、不在にしている間、中国はすっかり経済成長しているというのだから、「日本帰り」はハンディにもなりかねない。

夫が日本に留学目的でやってきたのが２００３年。夫は、同時期、３人の幼なじみがすでに日本入りしていたのをきっかけに、「おれも日本へ行く!」という小学生のような理由で留学を決意した。「日本へ行けば、人生が変わると思ってたんだよ」

今でこそ、「爆買い」だので中国人観光客は話題をふりまくが、当時、中国人が海外へ出るというのは、並大抵のことではなかったはずだ。貯金証明、留学目的、滞在先の確保もいらず、どこでもビザなしで観光ができる日本人とは違い、国内の移動も自由にはできなかった中国人が海外へ出ようなんて、それこそ一生をかけた一大決心だったのである。

幸か不幸か、わが夫は、その意味では一番やる気も目的もなかった。あげく私と出会ってしまい、結局、半永久的に、日本に居続けられる存在となってしまった（結婚5年目に永住権を取得）。そして、志はどうあれ、同じ時期に日本にやってきて知り合った中国人の友人たちが帰国していくのを、誰よりも多く見送ってきたのである。

一番最初にやってきた同級生は、来日後、風俗店でのアルバイトがばれて強制送還。日本語学校で知り合った友人も、ビザの期限が過ぎたまま不法滞在していたのが見つかって強制送還。幼なじみだった夫婦は、ある日突然「疲れたから帰る」と言って、それ以来会っていない。

日本に来る目的はお金以外にはなかった――。そんな仲間たちがこぞって、次の目的地を中国に変えるのを、夫はどんなふうに見ていたのだろう。「日本よりも、中国で暮らしたほうがいい」と友人から口ぐちにアドバイスされ、それを神妙な顔つきで聞いていた。

「俺のお父さんは料理人で、おじは宮廷料理の資格も持っているんだ。だから俺も料理人の資格は取った。だけど、おやじは俺にこう言ったんだよ。たとえ宮廷料理人であっても、料理人としてどんなに地位が高くても、結局一番偉いのは、その料理を食べる人たちなんだ、って」

そう話してくれたのは、ジョさん、34歳。瀋陽へようこその気持ちを込めた食事会でのことだった。

「だから俺は、日本から帰ってきても、アルバイトからがんばろうと決めた。絶対に、そういう料理を食べる人になるって決めて。ここでやっていくなら、プライドを捨てないとダメだよ。これから頑張ってください」

いきなりそんなことを言われて、私はたじろいだ。たぶん彼には、中国にいちゃもんつけたがっている私の甘ったるいプライドが、いつかの自分とだぶってはがゆかったんだろう。私は苦笑いを浮かべただけで、何も言えない。

ジョさんに、最後に日本で会ったのは2006年頃だったろうか。日本語学校を卒業した後、アルバイトしながら専門学校に通っていたジョさんは、同棲していた彼女とビザ更新のために結婚。そうこうしているうちに、アルバイト三昧の生活で学校にも行かなくなり、彼女とふたりして帰国を決意した。確かそう、北京オリンピックのバブルの波に、中国が乗りかけていた頃のことだ。

彼には、学歴もない。日本に5年いたわりに、日本語もたいして話せない。けれど「日本暮らし」がまだ、今よりも意味を持っていた時代に、中国の不動産開発会社にアルバイトで入社。月給800元のお茶くみから会社勤めを始めた。

そして、今や瀋陽で一、二を争う不動産会社となった勤め先で、彼は社長秘書のナンバーワンとしての地位を築いている。彼の月給は手取りで5000元ほど。しかし、中国ではまかり通っている賄賂や水増し請求も含めば、一万元は優に越えているのだろう。

日本で見てきたもの、体験したこと、学んだことなど、一切なにも関係ない世界で、一からやり直すことを選んだジョさん。

「プライドを捨てないとだめだよ」

彼の言葉は、そのときの私にぐさりと突き刺さった。

プライド？　そうか、わたしプライドにしがみついている。でもなんの？　日本人というプライド？　それって、なに——？

甘くないよ、ここで暮らすのは。「日本人」だからって、この社会はそんなに甘くないよ、って。ジョさんは、それだけをはっきり言って、私たちに韓国焼肉のコース、しめて1000元近くという中国人にとっての大枚をさらりと払ってくれた。

幼稚園の決め手はトイレだった

中国には（少なくとも瀋陽には）、0歳から子どもを預かってくれる保育園のような施設はない。秋入学を基準とする学校教育制度のなかで、その年に3歳を迎える子どもたちは幼稚園に入学する。

幼稚園というのは一種のビジネスで、チェーン店のように増殖している。明らかに個人が家族経営しているような薄暗い幼稚園から、行政と共同で運営しているような立派な教育施設まで、実に幅広くこまごまとある。それもこれも、中国の若い夫婦は両親の協力を得て、子どもが乳児のうちは自宅で育て、排泄が自立した後は、ほぼ共働きとなるのが一般的だからだ。

もちろん、入園できるかどうかが、その家の収入や家庭環境で決まることもない。明らかなる教育ビジネスなのだから、仕事しないのに預ける保護者側の後ろめたさとか、働きたいのに預け先がない「待機児童」とかいう問題は、ここには一切存在しない。

8月上旬。秋入学のタイミングが迫りくるのに合わせ、私たちは娘の幼稚園探しに出るようになった。

これがまた、ピンからキリまで、どこにでもあるからすごい。高層マンションの区内には必ずといっていいほど、小規模の幼稚園があったし、団地の一角にも商店街の中にも、徒歩10分圏内に2、3軒は幼稚園が見つかる。

けれど困るのは、夫も私も、まるで教育方針とか、どうしてもこうしたい、というような明確なビジョンがないことだ。あるいは、日本人という国際カードを切って、瀋陽随一のエリート幼稚園、日本語が話せる先生もいるという東北育才学校に入れる手もなきにしもあらずだが、費用を考えると駐在員のような優雅な生活レベルを持ち合わせていない私たちには難しい。どうやって、このピンキリからひとつを選べばよいものか……。

というわけで、ひとまずしらみつぶしに近辺の数カ所を見てまわることにした。

コンクリートがはげかけている団地の奥に、ひっそりと「双語幼稚園」(二カ国語教育をしている幼稚園)と書いてあったり、改装したばかりで園庭が充実しているわりに、門外はあまりにも車通りの激しい商店街の近くだったり。どうにもこうにも、信頼度に欠ける環境ばかりなのだが、先生方は「日本人」と聞くと、目の色を変えて驚いた。

「へえ。中国語は話せるの?」「うちには外国人は来たことがないけど、もちろんいつでもおいで」。どことなく、日本人が幼稚園に通うことの〝メリット〟を感じているような雰囲気もある……。

そうこうしているうちに、この近辺でもかなり存在感のある幼稚園にたどりついた。滑翔幼稚園。行政と共同で運営している幼稚園らしく、エリート学校でもないが、弱小幼稚園でもない。近所の保護者には、「教育」に力を入れていると評判上々らしかった。

「日本人? ああ、日本人の子どもなら、去年までいたわよ。家族が病気になって帰国しちゃったけど。それに、ロシアとか、そうそうスリランカから来た子も、以前いたわね」

案内してくれた校長は、スレンダーな知的美女。にこやかに話すが、瞳の奥では決して笑っていないのがますます印象的だ。子ども好きには見えなかったが、外国人の受け入れに経験があるというそのコメントにぐっと心が揺れた。

7時半ごろから最長17時まで預かってくれて、月謝は月760元。これに、朝、昼、夕(軽食)の一日3食(一日10元)がついて、月によってイベント費、教材費が請求され、毎月900元~1000元程度になる。

げた箱の並ぶロビーには、モンテッソーリ女史の写真と教育方針の書かれたパネルが張ってあった。とてもじゃないが、こんな瀋陽の片隅でモンテッソーリ教育が行なわれているなら見てみたい、と日焼けしてインクが薄くなったパネルを見て思う。

しかし、この看板が幼稚園なりの経営上の戦略であり、一般市民である保護者の心をつかむために必要なのだということを、美人校長はだれよりも知っているのだ。

私たちが最終的にこの幼稚園を選んだのは、このビジネスセンスに共感したからでも、外国人受け入れ経験があったからだけでもない。

それは、この校長に園内を案内してもらい、教室を見せてもらったときのこと。教室のそばに併設されている手洗い場兼トイレに入ったとき、思わず「おお」と声が漏れた。

そこには、和式タイプの便器が、3つ並んで設置してあった。

近所の幼稚園をくまなく見学してみたかぎり、ほぼどこの幼稚園でも、深さ30センチほどの溝に水が流れ、そこをまたいで放尿するという中国式水洗トイレ。排水管に用をたすレベルのトイレと比べると、ここはあまりにも〝普通〟だし、かえって新鮮なのである。

つまり、便器が独立しているおかげで、お友達のおしりは少なくともお隣にあって、そしてまた排泄物は自分のトイレに流れていくわけで、これって、日本に帰ったときに余計なカルチャーショックを受けずに済むではないか！

ひとりで興奮しているそばで、「この子、おしっこは自分で行けるの？」と校長。

「はい、もうおむつが取れました」と、満面の笑みでこたえる私。

「日本人の子どもって、3歳くらいまでおむつするんでしょう？　前にいた子もね、まだおむつが取れていなくて、おもらしをよくしてたわ。中国の子どもたちは1歳半でおむつが取れるから、先生たちも困ってたわよ」

最近でこそ、紙おむつが普及しはじめている中国東北部。通年で股あきズボンを着用し、いつでもどこでも、すぐ用が足せる瀋陽の乳幼児たちは、おむつなし育児を地でいくので、排泄は1歳半ごろまでに自立してしまう。乳児はそもそもこういった施設に預ける習慣がないし、3歳児のおむつ替えなんて、もちろん先生たちにも経験がないのだろう。

「おむつがとれているなら、〝トイレ行きたい〟、くらいは言葉を覚えてきてね」

美人校長にそう促され、私は「このトイレに決まり！」と思わず心の中で叫んでしまっていた。そう、背中を押してくれたのは、実はこの独立したトイレだったのである。

とはいえ、今思い返しても、親は子どものことを一生懸命考えているようで、どこまでいってものんきなものである。一番大変なのは当の本人だ。肝心の中国語は「ゼロ」なんだから、トイレが決め手だろうがなんだろうが、本人にしたらどうでもいいことだったに違いない。

だいたい、日本に帰ってからのカルチャーショックの前に、まずは中国の詰め込み式スパルタ集団教育とはどういうものかに、まずは思いをはせてやるべきだった。すべては、今となっては、なんですけれど。

ルールのない道を渡るということ

娘の手を握り、「いま行こうか」と合図を送る。娘も「うん」と言って、走りだす体勢に入る。走ってくる車との距離を目視し、間に合いそうだ（つまり、車が私たちを認識しそうだ）と思ったら、迷わず走り出る。

ここで決して躊躇してはいけない。決してスピードを緩めたり、立ち止まったりしてはいけない。たとえ車が接近していようとも、クラクションを鳴らされようとも、気にする必要は、一切ない。渡るのか渡らないのかはっきりしない態度で、相手の心理をさぐるのが一番、よくない。

必要なのは、「わたしは、これから道を渡るのだ」という強い意志と、でかい態度だ。そのように、いかにも道を堂々と渡る歩行者になれれば、車もスピードをあげたまま突進するわけにはいかない。ただ、虚しくクラクションが鳴り響くだけのこと。

一般人には手の届かなかった車が庶民の手中にも収まるようになってから、まったくもって、そこらへん車だらけ。

車が増えて何がまずいかって、もちろん、渋滞もあるし、排気ガスの問題もある。物理的には駐車スペースも足りないだろうし、追随して交通ルール違反なんて概念あるの？と問いたくなる公道は、もはやジャングルと同じだ。とにかく、車にまつわる問題はあとからあとから噴出しているようだけれど、私がここへきて一番どきりとするのは、クラクション合戦だった。

誰もかれも、怒りやイラだちにまかせて押しまくっている。大半は、渋滞における「まだ動かないのかよ！」に使われているが、歩行者に向けて「俺の車が通ってるんだ！」の場合も、非常に多い。

ときに長押しされる、その響きのうっとおしいやら、やかましいやら。そもそも歩行者優先なんて概念は全くないから、バスもタクシーも一般車も、どこでもだれにでも、クラクションで攻め立てる。

日本で、クラクションを鳴らされた経験など数えるほどしかない人生を送ってくると、鳴らされるたびに、私は世間のさらしものだと思ってしまう。もう二度と道を渡れないかもしれないという恐怖心でいっぱいになる。

しかし、交通ルールがないというのは、いったん外に出たら、信じられるものが自分以外にない、という世界に放り出されることを意味する。

歩行者に信号など存在しないも同然である。信号が青に変わっても、渡っていいのか迷うほど交差点はごったがえしている。もちろん、車が走るのは公道ばかりじゃない。急いでいるのか何なのか、歩道に乗り上げた車は歩行者に向けクラクションを鳴らしながら当然のように走る。そして、電動自転車が音もなくその隙間を縫って走っていく。ただの直線道路なのに、ただの横断歩道なのに、二度と渡れない迷路のように。

自分が強くなったな、と感じたのは、娘を幼稚園に連れていくときだった。

大通りをはさんで、反対側の地区にある幼稚園に行くには、どうしても、巨大な交差点を横切らねばならない。移り住んだ当初は、いったい何を信じていいのかわからず、かといってクラクションで吊し上げにあった気分で、毎朝、その交差点を渡るのがつらくて仕方がなかった。

しかし、これだけクラクション合戦にさらされていると、クラクションに大した意味などないことがわかってくる。そして、頼れるのは自分だけ、という基本ルールが把握できるところには、道を渡るために信号や道路の標識をあてになどしなくなった。つまり、すべては自分のタイミングだ。

実際、クラクションを鳴らされたからといって、相手にする必要などない。どちらの当事者も、それで現実が変わることを期待しているというよりは、いらだちや感情に任せて押していることがほとんどなのだから、いちいち相手にしていると身が持たない。

そのようにして、だんだんこっち（歩行者）も強くなっていくわけで、クラクション合戦は、実は安全を守るための言語機能を果たしていたことを、私はやっと理解していった。

しかし、車が増えすぎているのだ。それは、クラクションの音量もさることながら、あてもなく渋滞が起こるひとつの要因でもあろう。

かつては高嶺の花だった車は、いまや庶民の足となった。どの車に乗っているかは大きな関心事だったりするが、車を持っていることが、もはやステータスではなくなりつつある。

問題は、ルールの概念がもともと薄いところへ普及したものだから、駐車違反や排気ガスといった意識や情報に疎いこと。おまけに、それを支えているのは、「俺の知ったこっちゃない」という社会心理だったりするから、すごくやっかいである。

そういえば、私のなかでは「このまま車が増え続けるなら、立体駐車場とかコイン駐車場とか作れば儲かるかもしれないね」という妄想が、ふくれあがっていた。その話をすると中国人の友人には、「そもそもルールを守らないっていうのに、だれがその無人駐車場にお金を払うわけ？」と一笑に付されてしまった。

中国の婚活

お天気に恵まれた、小春日和の秋の週末、近くの「南湖《ナンフー》公園」に散歩に出かけた。森林に囲まれた巨大な公園で、その真ん中を「黄河《ホンファ》」という人工河川が流れている。エリアごとに、遊具や運動器具、イベント会場などもあって、週末はそれなりの賑わいを見せる公園である。

しばらく歩いていくと、案の定人だかりが見えた。

全体的に茶色の洋服に身を包んだ、中高年の群れである。

近づいてみると、地面にＡ４サイズのチラシがずらりと並べられ、群衆はそのチラシを凝視している様子である。

なになに？

28歳男性、性格明朗、大学卒希望、会社員。私でもわかる漢字が踊っている。求人情報っぽいけど……？

「これ、結婚相手をさがす業者だよ。週末になると、ここに集まるんだ。最近流行ってるみたい」

なるほど、それは確かに、結婚相手を求める男女の広告であった。

業者さん（といっても完全に個人）が、登録か申請かにやってきた若人の簡単なプロフィールをＡ４紙にまとめ、それを展示してあるのだ。チラシの前で折りたたみのパイプイスに座る、くわえたばこのおじさん、おばさんが業者らしい。

それらを通行人が物色し、興味のある人物がいれば業者を介して紹介を依頼する。結婚が成立すれば、業者さんに謝礼が支払われる結婚情報サイトのアナログ版だ。

「これって、全部結婚したい人の広告？　す、すごい……」

チラシを見ていくと、驚くべきことに気づく。自己紹介もほどほどに、自分の結婚相手に求める条件が細かく記されているのだ。

たとえば、男性の求婚情報はこうだ。

「80年生まれ。１７６センチ73キロ。大卒。月給２８００元。76平米の部屋所有。84年〜88年生まれの女性、求む」

写真がないものがほとんど。身長や有利に働きそうな条件やポイントを列挙して、しまいに女性への要望を申し訳程度に付け加える。多くが、年齢制限や「健康で、明るい性格の人」とあった。

しかしこれが、女性の求婚情報となると、様子が異なる。

「84年生まれ。大卒。身長162センチ。明るい性格で子ども好き。希望条件：175センチ以上、会社員、車を所有していること、60平米以上の住居を所有していること」

自分の自己紹介もそこそこに、求める男性の条件が並べたてられる。自分のことは棚にあげて、めちゃめちゃ条件が厳しいのである。

散見されたのは、身長、それから不動産の所有を明記しているもの。さらにじっくり見ていると30代、40代、再婚相手を求めるものも少なくない。けれど、どんな状況であろうと女性側から相手への要望が手ぬるくなることはない。

中国における結婚は、男性へのプレッシャーに他ならない。昼下がりののどかな散歩途中に、そんなことに気づかされる。

女性の求める「いい暮らし」を実現できない男は、相手にされない。自分のことは棚にあげ、男性から女性に求められる条件は、健康、性格良好、くらいであることに感謝することもなく。

私などがもし相手を探している立場なら、思わず後ずさりしてしまいそうな現場だ。思わず隣の配偶者を意識してしまう。だって結婚って、もっと、なんかこう、精神的にっていうか……。

中国では、私のような人間は生き延びてはいけない。瞬時にそう思った。自分が何を欲しているか、何をどうしたいのか、はっきりと、とことん意思表示する。しないことによって当てが外れた、なんていっている場合ではない。一生を左右する可能性があるのだと思えば、自分の広告の文言ひとつに迷っているヒマなどないのだ。

すごいなあ、中国人って。

こうした結婚斡旋を利用する男女のほとんどは、1980年代生まれ。一人っ子ばかりで、右肩上がりの中国で自信満々、いい暮らしをもっともっと追求したい世代だ。お金を欲しがって、いったい何が悪いの？　と肩で風を切ってあるく世代の結婚観たるや……。

1970年代後半生まれの、遠慮がちで奥ゆかしさを大切にしてきた日本人がこのチラシを出したら、一番最初に風で吹き飛ばされてしまうだろう。

考えてみたら、私の隣にいる結婚相手は、さっきみたチラシの数々に書かれている「条件」にあてはまるものが、ひとつもない。いや、性格良好、とは書けるかもしれない。いやいや、身体健康もいけるかも。

幸せな結婚とはなんだろう。ふと、考えこんでしまった。

家や車や職業と結婚するのと、なにはなくともとにかく一緒にいて楽、と結婚するのとでは、どのへんが、どのように違うのだろう。どちらも、「幸せな結婚がしたい」という意味では、同じことを言っているように聞こえるのは、私だけなのだろうか。

もし結婚することに、未来永劫ゆるぎない存在感と価値があるなら、その〝幸せな結婚〟の意味するところを私も実感してみたい。

結婚とは「条件」なのか。あるいは「制度」なのか。はたまた、「国際」がつく結婚って、なに？

あの公園に、結婚したい当事者はいないようだった。ほとんどが業者と、結婚させたい親または親戚らで構成された人だかり。当事者がいたほうがよほど健全だと思うけど、結婚が商売になるのも時代かしら、などと思いつつ、南湖公園の賑わいを通り抜けた。

「なんか、すごい熱気だったねえ」

すでに今日半日かけて深呼吸するはずだったエネルギーを吸い取られてしまっている。なんとなく、行き場のない気持ちを抱えてぐったりしているときに限って、

「おれもあの仕事やろうかな。おれの残念な友達のチラシ出して。お金になるかなあ」

夫は、結婚どーのこーのというよりも、どこまでも土着の人なのであって、この人と結婚して本当によかったのだろうかと、改めて自問自答せざるを得ないのであった。

安全な食を探し求めて

中国人というのは、食べるのが本当に好き。

食べることそのものよりも、大勢で集まり、薄いビールを何本もあけて、あることないこと話したおすのが好きなんだな、と思う。

食べるものはおいしければなおよいのだろうけど、残念ながら一番身近な中国人はいつも、安くてまずくて大量にあるところでいいと言う。

個人的には、中華料理というのが苦手である。油っこさとどれを食べてもそう変わり映えのしない炒め物の味、また、決定的には辛いものが好きではないということもあって、外食するとき中華系を選ぶことはほとんどない。中華料理のあのテンションが苦手なのである。食べる前に、気合いがいりそうなあの熱気が。円卓で皿をまわしながら、がちゃがちゃいうあの感じが。「それでよく中国人と結婚したねえ」とは、よく言われるのだけど。

最初は、日本で食べる中華料理とは全然違う色合い、味、バリエーションに好奇心も刺激されたが、ひととおり回ると飽きた。

ガイドブックに載っているようなレストランを回ると、外国人向けの価格設定も見えてくる（だいたい一人100～150元）。その半分以下で庶民の味はころがっているのだから、ガイドブックとはそこで生活する人のためのものではないことが、改めてよくわかる。

そこで、夫についていくことになった庶民的な餃子屋、串焼肉屋、羊の丸焼きが食べられる回族系の店……。お腹を壊すことはないのだが、どうも味の範囲が広がらない。どれも、塩味、唐辛子味、八角、クミンなど香辛料の味。どこへ行っても、似たりよったりで、サービスとか差別化とかいうものがあるとすれば、瓶ビールが普通3元のところ2元だったり、サービスで一品ついてきたり、それだけである。

やっぱり、中華料理というのは、疲れるんだなあ。

もちろん、食の安全、衛生にこだわった店は瀋陽にもある。でも、結局それだと手頃な値段ではなくなるし、量が少なかったり、サービスが過剰すぎたりする。そのうえ、たとえ高級デパートでオーガニックと名のついた有機野菜や穀物を見つけようとも、それが本当に、オーガニックであるかどうかは、生産者や店の良心にかかっているのだ（つまり、そうではないかもしれないということを踏まえて、それを注文する必要がある）。

食べるのが好きなくせに、肝心なところに意識が向かない。いや、向いていても諦めているのかもしれない。こんな砂埃いっぱいの街で、そもそも「清潔さ」を求めることのほうが難しいのかもしれない。

そんな頃知り合ったある中国人のミセス。日本で暮らしていたという、5歳児の男の子のお母さんだ。日本語がとても上手で、日本人の夫との間に生まれた子どもに中国語を学ばせたいという思いで、故郷に戻ってきているという。けれど彼女は、私たちがちょうど娘の幼稚園を探しているのだと聞いて、こういう言うのだった。

「うちは幼稚園には行かせてないの。だって、給食が心配で預けられないのよ。野菜なんて農薬をたくさん使っているのにあんまり洗わないからね。だから、自宅で勉強をみながら、週3回中国語の塾に行かせているの」

故郷である瀋陽に戻っておきながら、ここでの食の安全を信じられないなんて、とはっとする。でも確かに、給食だって、幼稚園を決めるときの重要ポイントにちがいない（うちはトイレだったけど）。

「砂山街にひとつ、いい保育園があって、そこは給食にけっこうこだわっているのよ。そこに行ってみたら」

お礼もそこそこに、私はとんでもない場所に引っ越したんじゃないかとひやひやする一方で、もしこのマンションでオーガニック野菜を仕入れたら、売れるんじゃないかなあ……なんてことも思った。

昨今の中国では、「清潔か」「安全か」なんて考えるくらいなら、外食はしないほうがいい。そんな疑心暗鬼のまま庶民の店へ行ったって、予想通りなだけだし、むしろ「行かなくてよかった」という思いを強くするだけだ。

汚さも、接客の悪さも含めてよしとするなら、体験する価値はある。あのがちゃがちゃ、わいわいいう感じは、中国にしかないご飯の風景だし、慣れてしまえば楽だし、楽しい。

それでも心に突き刺さるのは、誰もかれも中国の食が安全だとは思っていないことだ。そもそも、国内の他人が作るものを信じていない。いいものは必ず海外にあって、値段が高くてもしょうがないと思っている。そういう社会を生きているのだ。

ゆくゆくは、中国の子育て世代が、食の安全を変えていくだろう。わが子のことになると必死だ。安心して食べられるものを国内では探せないと思っているのだから。この社会で母親は、想像以上に大きな責任を背負っているのだ、と改めて思った。

週に数回、行くようになった義母の家。

決まって夕食をいただくのだが、その素朴すぎる家庭料理には、お皿の上のほう、およそ5ミリほどは必ず油が溜まっている。炒め料理が多いにしても、この油の上澄みはなんなのだろう。ひたすら疑心暗鬼。

義母が言う。「外で食べないほうがいいよ、汚いから」

この家の状況もそう変わらないけど、なんてそんなこと口が裂けても言えないのだった。

本当の反日デモ

窓の外から、大きなサイレンと、クラクションの音が鳴り響いてきた。

ふと時計を見ると、9時18分をさしている。

毎年恒例だと聞いているが、バスや車の運転手までもが呼応するイベントだとは知らなかった。

今日は9月18日。満州事変が起こった日。ついでに、私が最初にこのサイレンを聞いた2012年は、日本と中国との間で領土問題が勃発。中国における反日感情がまさにピークに達したころ、タイミングよく瀋陽での歴史的記念日を迎えた。

新聞は連日、通常は無視を決め込む「反日デモ」の存在を告げる。日本にいる家族、友人、知人らから「だいじょうぶですか?」というメールが連日のように届く。私も、中国人夫や家族に「だいじょうぶかなあ」と聞いてみる。やがて日本大使館からは、9月18日前後は「出歩くのを控えるように」という通達が出た。

近年まれにみる大規模デモの発生に、夫は少々浮かれ気味だった。しかも舞台は、我が故郷瀋陽。日本人妻の存在であるとか、自分がむしろ危険であるとか、そんなことに関心なさそうである。実際、「見に行ってみようか」と、誘ってくれたのも夫だった。

常に接する中国人がこんな感じだから、「瀋陽で暮らすなんてともなさ」を感じ取ってしまっていた私は、「ぜひそうしよう」と、あっさり実際のデモ隊を見に行くことにした。「迷惑行為」といわれようと、「自己責任」といわれようと、かまわない。私が感じている「だいじょうぶそう」は本当なのか、知りたい気持ちもあった。メディアが伝えている「反日デモ」が本当にありうるのか、この目で見てみたかった。だって、そうでもしないと、瀋陽で暮らすこれから先の自分のことが心配である。

アイマちゃん（当時の愛車だった電動自転車）にニケツする。運転手は夫である。ヘルメットがあれば完璧だが、アイマちゃんにはヘルメットなど無用であり、むしろスカーフで顔を覆っておけば、見るからに現地人である。

ふたりの間の約束はただひとつ。「絶対に日本語でしゃべらない」

これだけを守って、いかにも「反日デモを見に来た現地のやじうま、あるいは応援隊」のようないでたちで、出かけたのである。

日本大使館から通達のあった、デモ隊の行進ルートによれば、満州が建国されたころに「浪速通り」と呼ばれた中山路から、現在の日本大使館の所在地へ向かって行進していくという。

私たちはまず、まさにその中山路沿いで、コピー・印刷・デザインを手掛ける、夫の幼なじみの店へ向かった。

すでに中山路は山のような人だかりで、アイマちゃんを近づけると、案の定、友人のお父さんが店の前で立ち見しているのが見えた。

人混みに紛れた私たちを見つけると、おじさんは挨拶も簡単に、

「気をつけろよ。絶対に日本語しゃべるなよ」

と小さな声で言った。夫が「わかってる」と答えると、私たちはしばらくデモ隊の動きを遠目から観察した。

しばらくすると、群衆が動かなくなった。毛沢東の巨大銅像がそびえる瀋陽の中心地、中山広場で、デモ隊と警察、あるいは人垣が衝突したようだ。

すでに人垣がふくれあがっていて、その周りに人がアリのように密集していく。

ときおり、怒声が聞こえた。警察の動きがにわかにあわただしくなる。

「なにがあったの」

「わからない。誰かがけんかしているみたい」

まさか、そこに吊るし上げられている日本人がいるとは思えない。怒りにまかせて誰かと誰かが取っ組み合いをしているようにも見えるが、しかし、友人の店の前からでは、デモ隊がどこから始まり、いったいどこまで続いているのか、どんな人間がそれを構成しているのか、わからない。

そんなことを夫の背後で考えていると、再び群衆がゆっくりと動き出すのが見えた。

「行こう」

夫の指示のもと、アイマちゃんに飛び乗る。ゆっくりと日本大使館へ向かい歩みを進めていくデモ隊の後を追うと、中山広場のラウンドアバウトに沿って人垣が動き始め、先陣切って動いていく人のかたまりが浮かび上がった。40人、50人くらいか。

ちょうど、広場から中山路に通じる入口付近にいた私たちの目の前を、その集団が通り過ぎていく格好になった。そのとき、沿道の人垣を誘うように、日本への侮蔑の言葉を力の限り、叫んでいる男たち、女たちの姿が、デモ隊となってはっきりと見えた。

「小日本！」「日本鬼子！」「魚釣島は中国の領土！」「日本人は出ていけ！」

じわじわと恐怖心がわき起こる。人々の高まる熱気は、好奇心で見に来た私たちを罵倒しているようでもあった。怒りに身を任せたような叫び。周辺の声援もどんどん大きくなっていき、私たちはただ人影に隠れて、群衆が過ぎ去っていくのを見つめる。

「日本語をしゃべったらいけないよ」

夫も危険を感じ取ったのだろう。デモ隊が通り過ぎるまで、私の汗ばんだ手を握りしめ、耳元でただ息をもらすように、ささやいた。

私たちはふたたび、アイマちゃんに飛び乗り、目的地であった日本大使館前へ先回りした。

そこへ近づいたときに目にしたもの。

それは、大使館のすぐそばで営業する老舗日本料理店の前で、軍隊が二重のバリケードをつくり、店舗を防御している光景だった。

軍人たちが一糸乱れぬ姿勢で二列になり、「東京飯店」と書かれた店前に壁を作っている。そのレストランのガラス窓には、「支持中国」と黄色い文字で書かれた、赤い旗が張られていた。


時間がとまったようなレストラン前。

様子をうかがっているのか、参戦しようとしているのか、あたりの人の群れがざわつく。その異様な光景に呆然としていると、突然、道路沿いにある10階建てくらいのビルの窓から、女性が半身を乗り出して叫んだ。

「小日本！　日本鬼子！」

女性は、力の限り、デモ隊に向かって手を振っていた。

「帰ろう。つまらない」

夫が言った。私もうなづく。見てはいけないものを見てしまったわけではないが、見なくてもいいものを見てしまった気がした。

〝日本はクズだ〟〝尖閣諸島は中国のもの〟。それだけを伝えるデモ行進であった。

家に戻り、ぐったりとしながら、この数日、恐ろしい思いをしている日本人の友人たちを思った。臨時休業を迫られ、自宅待機している日系企業につとめる日本人たち。

私は守られている。

中国人の夫がいるということが、私の守備カードになっている。ここで暮らすうえでの巨大な器であり、セーフティネットであり、だからこそこんな無謀な「取材」ができたのだと。それを思うと、この地で知り合った日本人の友人や、その家族たちがいたたまれなかった。

しかし、である。夕刻、友人から夫の携帯に連絡が入った。
「瀋陽に帰ってきたっていうから、ごはんを食べに行こうよ！　7時に店に集合」
「行っていいの?」と躊躇してみるが、夫は「だいじょうぶ」という日本語しかしらない。とりあえず、食事をするのは個室にしてもらった。そして、誘ってくれた友人たちに、おそるおそる今日のことを聞いてみる。

「え？　なんだっけ」

「ほら9月18日……」

「あ、反日デモ？　だいじょうぶだいじょうぶ。飲もう！」

なんとも、拍子抜けする返事だった。


本気で日本が憎い人もいるのだと思う。それを後世に伝えたい、残したいという人も。だけど。

すぐ隣にいる人や、スーパーや、市場に行ってみればわかる。

デモのことなんて、反日運動がどうだなんて、日常のアンテナに入ってこない人もいる。

もちろんその日以降、デモ隊や「小日本」を叫ぶ人を見かけることもない。

そして私は悟った！

どこかから湧いてきて、さっと散っていくような集団が「すべて」であるかのような、そんな作られた現実にとらわれるのではなく、いつものスーパーで「この子、日本人？皮膚が白いわね」という話しかけてくるおばちゃんとの現実のほうが、よっぽどリアルで、それでいいのだと。

第2章　犬と一緒になったなら

子育てに「賄賂」を利用する

「う、う、うえーん。幼稚園行きたくないよ……うえーん」

7時30分の目覚まし（娘）が、泣き始める。しばらく放っておくしかない。

なんとか着替えて、ご飯を食べ、機嫌がなおったかな、と思いきや、靴を履くときにもう一度思い出したかのように泣き始める。やっと外に出たとしても、道路でうずくまること幾度となく……。

幼稚園に行きたくない娘の気持ちを、同じくらい余裕のない両親がおもんばかってやれるはずもなく、号泣と怒号で朝が始まるのが日課になった。

ほどなくして、階下のおばさんからクレーム。「おたく、毎朝7時から7時半の間に子どもが泣くね。静かにさせてよ」

数日後、「もしかして虐待してるんじゃないかと思って。どうしたのおじょうちゃん」と飛んできたのは階上のおばさん。

「事情はしょうがないとは思うけど、なるべく静かにさせてね」と、大家のおばさんからも注文の電話が入った。

子どもを通じて、この部屋が防音にも不備ありまくりだということになり、私たちはますます引っ越しへの思いを強くしたわけだが、それ以上に、娘のストレスにこれ以上付き合いきれなくなるほど、私もてんぱってしまった。

これ以上号泣されたらこちらの電池切れも近い。手を上げたくなるようなイライラを感じ、ひと通りどなり散らしたあと私は、半泣きで娘に尋ねた。いったい、どうすればいいの？　と。

「せんせいが、こわいの……」

絞り出すように答えた娘の目から、大粒の涙。「せんせいがこわい、おおきなこえをだしておこるの」と訴える。

「あなたに怒ってるの？」

「ちがう。お友達を怒るときに、ものすごく大きな声をだすの」

はあ……。今さらながら気づく。ここは、「外国」の幼稚園なのだった。

娘にしてみれば、いきなり言葉のわからない環境に入れられたうえ、先生は大声を出して怒鳴る。0歳児から日本の保育園にいたからといって、それが何の役に立とう。

私は娘に必死に謝った。そして取り繕う。

「知ってるでしょう、そもそも、中国の人は声がでかいんだよ。怒っているときに大きいんじゃない。お父さんも、電話で話すときすっごく大きい声を出すでしょう？　それと同じなんだよ」

フォローにならないフォローをしながら、私以上に、苦しい思いをしていたのは娘だと思い知る。

私は、中国における幼稚園の役割をすっかり勘違いしていた。ここでは、思いっきり、集団主義がベースの教育機関なのだ。

早期教育を重要視する中国の保護者からは、基礎学力の徹底という、先生の統率力が求められている。それができる幼稚園こそ厳しいビジネス競争に勝つのだ。

かといって、幼子がじっとイスになど座っているわけがない。じっとして先生の話を聞くのが美徳となり、結果、先生は大声で怒鳴る。

娘が、そのような幼稚園生活に慣れ始めたころには、おとなしく座っているだけの子どもになり下がったが、毎朝の号泣も、出かけるときの涙も、だんだんと減っていった。

ちょうどその頃知ったのが、「教師節」という習慣のことだ。

1985年ごろから始まったという9月10日の教師節といわれるお祝い。教師を尊敬し、教育を重んじる中国の風習に従い制定されたものらしいが、この日に、子どもたちから教師への感謝の気持ちを伝えたり、贈り物を送ったりするのが習慣だという。

これを知ったのは、冬に入る前、私が日本への一時帰国から戻ったときだった。お土産用にと、免税店で購入した某有名日系化粧品メーカーの口紅3色セットを見て、夫が「これは、李老師（娘のクラス担任）にあげよう」と言う。

「え、これは、あなたのお姉さんとお友達にあげようと思ったのに」

「先生にあげておいたほうがいい。そのほうが、絶対いいから」

よくよく聞いてみると、教師節になにも贈り物をしていないから、こういうときにちゃんと渡しておいたほうがいいのだと言う。

「それに、日本の化粧品だったら、ほかの人たちと差がつくし、先生も喜ぶでしょう」

夫の言い分には、決して「教師への感謝の気持ち」など含まれているとは思えないが、それでも、贈り物をしておくことによって、自分の娘をよく見てほしい、ちゃんと気遣ってほしい、というメッセージを暗に送ることができるらしい。少し心が揺れる。

「そうしないと、先生がうちの子を見てくれるわけないいんだよ。みんなそうやって、裏で何かをあげたりして、工作している。中国の教育ってそんなもんなんだよ。だから、うちがやらないわけにいかない」

いつにもまして、熱のこもる夫の話に、なるほど、もしかして、この日系化粧品が功を奏して、少なくとも教室内で、大声が減るかも……?

けれど、こんなドラッグストアでも買えるような化粧品で、そんな変化を期待するほうが間違っているような気もして、だったら現金のほうがいいんじゃないかと思ったり、いや、そうなると、高価な金品の授受になっていくわけで……。

最近では「賄賂」とも受け取られかねず、一切の物品の授受を禁止している学校もあると聞く。個人的に、断固として、こういう物品の授受を拒否する先生もいるのだろう。

わが娘が通うローカルな超地元っ子の幼稚園は、教育熱心ではあるが、決して裕福な層が通う幼稚園ではない。いわば、普通のごく一般家庭の子どもたちがほとんどで、また先生たちにしてもエリートではない。

確かに、そのくらいのことしておいたほうがいいのかもしれない——。

あらゆることを考慮して、「悪くない」と思った。

ここでは、教師と保護者が、面と向かってお互いの様子を伝えあうような場も十分には設けられていない。なにがあっても、先生さまさまなのだ。もしかしたら、プレゼントを渡すことで、立ち話がてら教室での子どもの様子を聞き出せるチャンスかもしれない。

「ユエンユエンは、最近友達ができて楽しそうよ。いつも名前を呼び合って遊んでるの」

放課後、幼稚園の近所のスーパー前に呼び出された李老師は、こちらが聞くともなくそう話し始めた。

「中国語もすごく上手になったしね！　お勉強もがんばっているし、とってもいい子ね。だから、心配しなくても大丈夫よ」

そうして、照れくさそうに化粧品を受け取ると、笑顔で帰っていった。

一番ほっとしたのは、私だったかもしれない。私の「正しさ」はここでは通用しない。贈り物は、中国ではれっきとした手段なのである。

中国の英語熱

中国語を本腰入れて学ぼうと思い、知人に中国人の先生（女性）を紹介してもらった。その方に、自宅でお試し授業をしてもらったのだが、これが面白かった。

彼女は、「日本語能力試験」という、英語でいうと「英検」みたいなやつの1級レベルを合格済み。しかも、外国人向けに中国語を教えるカリキュラムも受講しているとあって、日本人が陥りやすい発音のミスや中国語の雑学みたいなことに大変詳しく、聞いていて飽きない2時間だった。

「私が通った高校には、3つの国が建てた校舎があったんです。古い順に、ひとつは日本。ひとつは台湾。もうひとつは中国です。それで、どの建物が一番最初に壊れたと思いますか？　中国が建てたものです。私は、日本人になりたいわけではありません。だけど、日本から学べることはたくさんある。日中の役に立てるようになりたいんです」

素直に、感動した。日中関係が危ないと噂ばかりが先立つ昨今、このような気持ちで自分の才能を発揮しようとしている人がいるなんて！

日本で漏れ聞く中国の情報なんて、ほとんどが悪質なものばかり。そんな情報に、右往左往する必要はないのだ、と彼女の言葉を聞いて思った。そしてまた、こんなふうに純粋な気持ちで仕事をしている個人がいることに、ずいぶん励まされるような気持ちになった。

ときに、日本語を教えてほしい、と頼まれることがある。けれど、マンツーマンで仕事をしても、小銭にはなるがやりがいがあまりない。知人に紹介された外国語学校をたずねたこともあるが、昨今の不安定な情勢のおかげで、日本語を学ぶ生徒数は激減しているらしい。そこで働いている日本人講師と話すことができたのだが、

「英語講師なんて、すごいギャラ持っていくのよ。同じ時間教えても、時給200元は下らないんじゃない？　日本語教師なんていまは落ち目だよね……」

なるほど、いまや瀋陽は、イングリッシュティーチャーの天国である。プライベートな私塾であれば、生徒数もさることながら教師に支払われる1時間の授業料は、日本語教師の倍以上が相場。「ネイティブスピーカーでさえあれば、過去のスキルは一切問わない」。そんな市場だそうだ。

こちらでお世話になった大学教授と会食をしたときにも興味深いことを聞いた。

その大学でアメリカ人と一緒に英語の授業を担当している先生が、同僚のアメリカ人に、これまでの職歴を尋ねたところ、「木こり」という意外すぎる答えが返ってきたという。〝仕事を変えようと、いや、人生を変えようと中国にやってきた。ここでなら、英語さえ話せれば仕事ができるから〟。そのアメリカ人はそう言ったそうだ。

言うまでもないが、木こりも、立派な職業だ。だけど、大学という教育機関で英語教師として採用されるために、林業が有利になることなどない、という価値観で生きてきた私にとっては、けっこうショックが大きかった。

授業料に見合った、質の高い授業が提供できるかなんて、実は大した問題じゃないのかもしれない。「外国人教師が教える」ことを売りにしたとある学習塾で、日本語教師を募集していると紹介され、面接を受けたことがある。念のため模擬授業をやってくれ、というので、必死で授業プランを準備して、当日、担当者数名に見てもらった。が、その席のどこにも、日本語を学んだことも、日本語がわかる方も座っておらず、最後に、「ＯＫ！じゃあ、1時間45元でどう？　来月からはじめてください」と中国語で言われた。

日本語ネイティブなら、決められた時間数をこなせば問題ないよ！　と、カラッとした笑顔で生徒を任される羽目になる。それはそれで、カリキュラムにも自由度が出て面白いのかもしれないのだけど、これでは、受講する生徒さんがかわいそうでは……？

でも、そんなこと、私が心配することでもなさそうだ。教育は、あくまでもビジネス。それに、外国人が増え、海外情報もあふれるここ瀋陽で、街中に乱立する英語塾もやがて淘汰されて、〝よいもの〟が残っていくのは時間の問題だろう。いま思えば、模擬授業をしてください、と依頼されるだけでもマシだったかもしれない。

「日本語を学ぶ人が減っているんですよ。10年くらい前は倍以上クラスも人数もあったんですけどね。やっぱり最近は英語ですね。うちでは、幼児クラスからネイティブに教えてもらえますよ。お子さん、どうですか？」

かの担当者は、学校を案内しながらそういった。

見ると、幼児クラスの教室で、4、5歳の子どもたちが数人待機している。しばらくして、「ソーリー！」と言いながら英語講師が駆け込んできた。授業に遅刻してきたらしいその若い英国人女性は、鼻ピアスに髪にピンクのメッシュを入れたパンクな講師だった。

犬と一緒になったなら

わが夫は、決して富裕層などではない。「日本に留学しにきたんだから、それなりの経済力があったんでしょう」と言われたりもするけれど、本当にそんなことではない。留学にもレベルがある。

夫は、瀋陽で「あいうえお」と簡単な挨拶を学んでから、当時は就学生というかたちで東京は上野にあった日本語学校に入った。留学あっせん業者を介してのことである。その後、日本語をある程度習得してから、専門学校や大学へ入学するというのが一般的なコースだが、夫にそこまでの野心があったかどうかはわからない。夫が日本にやってきた一番の動機、それは、お金であった。

夫の周りには、当然同じような環境で育った仲間たちがいる。

7、8人のグループなのだが、そこにいわゆる優等生などはおらず、みなやんちゃ、暴れん坊、無鉄砲、よって中卒だったり、いまだに無職だったり、手持ちのお金がなかったりする。

けれど、子ども時代から苦楽をともにした友人との結び付きは固い。なにかっていうとすぐ集まって飲む。手伝ってほしいときには、声をかければ必ず数名集まる。このグループが彼らの人間関係の息抜きの場であり、また潤滑油の場でもあった。

その中にひとり、M（エム）と呼ばれてからかわれている男性がいる。

彼は夫の最も古い幼なじみであり、夫よりも先に日本へとやってきたひとりだった。Mというのは文字通り、アルファベットのMのことで、そのように禿げあがりつつある額をさして、そう呼ばれている残念な友達なのだ。

けれどMくんには、そのあだ名についてそれほど嫌がっている様子も見られない。気が小さいのではなく、それが自分の痛手であるという認識もなく、「おれはMじゃないよ」と笑いながら言い返しつつ、聞き流してしまえる天然キャラなのである。

中学卒業後、職を転々としつつ、今はタクシーの運転手。一生懸命なところもあるが、彼女に30万円の毛皮のコートを貢いだり、両親の年金を盗んだり、友人の結婚式のご祝儀が払えなかったりするいいかげんなところがあるが、人柄だけは温厚で、決して暴力的なところなどなく、単に、間が抜けていて、おひとよしなのだ。

夫含め仲間たちは、彼のことを「ほんとにあいつは、ばかだ」と言う。

毎度毎度、「ばかだばかだ」と連呼されるので勝手に気の毒に思っていたけれど、どんなにばかをやっても、夫やその周辺の友人たちが、Mくんを見限るということがない。

「悪いやつじゃないんだよ」

最後にはこう言うのだ。そして、みんな知っているのだ。彼が実は前向きではないことを。人生をどこかであきらめていることを。

Mくんの両親は目が見えない。Mくんは、福祉工場で働く夫婦の一人息子として、両親の光となりながら極貧の中を生きてきた。そして実際、Mくんには将来的な展望も、かといって絶望もない。


そのMくんが、ある日、うちに遊びにやってきたときのことである。

引っ越したばかりの100平米近くの我が家（賃貸）を見に来たのだ。ビール瓶を6本かかえて。

「このへや、いいね！」

「ちゅうごく、たのしい？」

部屋を見て、かつて覚えた本当に片言の日本語で、私に話しかけてくる。懐かしい、上野辺りでよく聞いた、日本社会に入りきれない中国人たちの話し声。

そのうち、酒が十分に入った頃、夫とMくんの人生話が始まった。中国語が理解できない私には、深入りできない。きっと、昔話に盛り上がっているのだろうと、ひとりでぼうっとビールを飲んだりしていると、突然Mくんが酔っ払った顔で、こう言ったのだ。

「中国には、こういう言葉がある。犬と一緒になったら、犬の生活をしなければいけない。ここは日本じゃない。犬は犬」

正確には、夫がMくんの言葉を日本語に直して伝えてくれた。それを聞いた私は、その言葉の内容に、驚きおののいてしまった。

犬は犬……?

そしてすぐに、それが明らかに、中国で暮らしながら日本式の暮らし、日本式の清潔さ、日本式の豊かさを求めている私に対する戒めの言葉であることに、気がついた。

それを翻訳して言う夫も、おそらく同調していたのだろうと思う。

犬はしょせん犬。犬が、お金持ちになろうと思ったり、権力などほしがってはいけない。犬は犬らしく暮らすべきなのだ。

私はあまりの言葉にすっかりうろたえ、また、憤《いきどお》り、そして、何も言い返せなかった。

ふたりはすっかり酒のまわった席で、人生論を続けているようだった。

――犬と一緒になったら犬の生活……。そこに答えはあるんだろうか。

それは、中国という社会の中で生き抜くための社会通念、あるいは知恵だったのかもしれない。

同時に、そんなことを言い出すMくんの人生を考えずにはいられなかった。

Mくんは、もしかしたら自分が「犬」だと思っているんじゃないか。

彼の人生をなぞってみるとき、少なくとも自分を「犬」だと思わない限り、どうやっても乗り越えていけない厳しさがあったのではないか――。

自分のことを犬だと思っている限り、ずっと犬のままだよ。と、それだけはかろうじて日本語で言い返したような気もする。けれど、それが夫によって翻訳されたかどうか覚えていない。そうだったとして、そのあと彼らから、「そんな考えは甘いよ」、と言われるだけだったんじゃないかと思う。

人との距離感をつかむ

タクシーにひとりで乗り込むとき、アジアではよく助手席に座ることがある。日本であれば、助手席というのはどこか特別な関係にある人しか座れないような、重々しいイメージがあるけれど、中国ではもちろん、そんなことない。助手席に座るなんて、それ以上でもそれ以下でもない。半年も過ぎれば、私もすすんで助手席に座るようになった。そのほうが、警戒されないからだ（運転手の世代にもよるが）。

この「人との距離感」に慣れてくると、満員バスが苦痛ではなくなる。朝7時前後と、午後4時すぎにラッシュを迎える庶民の足、公共バスは、この時間、乗車率ほぼ200％の山手線状態。運賃1元で市内どこまでも行ける手軽さゆえ、ピーク時の混雑っぷりときたら、ちょっとしたアトラクションさながらなのだ。

そんな、先日の満員のバス車内でのこと。体と体が接触したままのぎゅうぎゅうづめの車内で、私はうつむいたまま時が過ぎ去るのを待っていた。車体はぼろぼろなうえに、運転が荒い。体を投げ出されないよう踏ん張るのに必死である。

ほとんど汗だくで自分を守ろうとしていたとき、前にいたおばさんが、ふいにこちらを振り向いた。そして、ほおが触れそうな距離でそのまま、「次のバス停はなに？」と尋ねてきたのだ。

うつむきがちに「わからない」と答える私。もう近いったら、早くその顔をあっちに向けてよ、と言いたいのだけど、おばさんときたら、笑顔である。

バスというのは、こういう接触の宝庫。中国生活トレーニング中の私には最適なのだ。ある時には、座っていた私の座席の背もたれを、前方からつかまってくる。つまり、座席と座席の間にも人がいるわけで、私の前に立っていた人が、私の座席の背もたれにつかまるのを見て、思わず笑ってしまった。人の檻で囲まれるように縮こまって座るなんて、日本じゃ絶対にありえない。

目の前のものは、決して私のものでも誰のものでもなく、そこにたまたまやってきた人、あるいは、それが欲しい人のものなのだ。そう思えば、目に見えない空間などに、腹を立てたり、不快に感じたりすることもない。でも、こういう境地に至るには、やっぱり時間がかかる。とくに、日本みたいに、「こっからここまでは俺のプライベート」みたいな私的空間意識が強い国で暮らしていると余計に。

中国の人と人との距離の近さには、「礼儀」みたいな意味も含まれることもある。

例えば、私はよく、義姉といっしょに道を渡ろうとするとき、彼女に手を握られる。腕を組まれる。義姉にすれば、そのほうがお互い安全だし、実年齢は年上にあたる私に対する心遣いに違いない。そうでなくとも、繁華街を歩く女性同士が、手をつないでいたり、腕を組んでいたりするのもよく見かける。人間同士の接触は、特別な関係を表わすものではなく、無頓着に行なわれるようなのだ。

男性同士で、手をつないで歩いているのを見たことはないが、男性同士でも距離の近さが必ずしも嫌われるものではない。この間も、夫の男友達が泊まりにやってきた。夫が、「ベッドが足りないからこいつと一緒に寝る」と言ったときには、思わず「え！（驚愕）」と叫んでしまったが、お客さんをソファで寝かせたりするよりは、ずっと親切だし、良好な友人関係の証拠でもあるのだと、後から知った。

この距離感。人との接触の多さ。かといって、精神的にもすごく近いか、といえば、そうでもないなと感じることも多いのが、今ひとつよくわからない。物理的に「あたる」

「ぶつかる」ことが多いだけに、中国人との関係性に「どこまでつっこんでいいのか?」を警戒してしまうし、「そんなことまで言うの?」とたじろいでしまう。

とりあえず、ここでは自分だけの、人との心地よい距離感などはいとも簡単に侵されるということだけはよくわかったので、必死に自分を守るより、ふいにぶつかる距離感をあえて楽しんだほうがよい。

つまり、バスの中では「私の」座席も「私の」背もたれもないわけで、座っている「私の」前にできたスペースは、決して私のものではないのだ。「ちょっとどいてよ」なんて、誰が言える? このバスがすでに私のものではないのに?

欲しいスペースは自分でとりに行くのだ。日本でこれを言うと、ガツガツしてるとか言われそうだが、そうして生きていないと、ここでは自分の欲しいものなど、永遠に手にすることができない。誰も察してくれない、誰も助けてくれない社会で、みんな必死で生きているのだと、私もバスの中で必死に学んでいる。

ゲップとおならは、我慢するもの？

市場か、あるいは高級デパートか、というくらい二極化が進む社会で、買い物で息抜きするなら、高級ブランド店を一回り散歩するというのは、たまの息抜きになる。

中国人が大好きな、外資系超高級ブランドのショップばかりを集めた大型ショッピングモールで、ウインドウショッピングを楽しんでいたとき、その中に「マーク ジェイコブス」を見つけ、ふと入ってみた。財布には500元くらいしか入っていない。ピカピカのモールを目的もなく歩くなんて「ヒマなやつだ」と家族には言われるが、マーク ジェイコブスのショップを見つけただけで、かなりの精神的な安息を得られるのだから安いものではないか。

さて、もちろん私には、マーク ジェイコブスで買い物できるだけのお金を持ち合わせていないし、それに値する知識も持ち合わせていない。だから、店にとっては「買わないなら出て行って」と言われてもしかたがないお客なのだが、残念ながら、こういう巨大モールには、あまり人がいない。そのため、たまに入ってくるお客は、スタッフらのたまの仕事相手にもなる。だから、お互いにとって実はいい関係だったりする。

前置きしておくと、こういう高級ブティックでは、お客にひとり必ず店員がつく。店に入るなり、店員にマークされ、服やカバンに手を触れるたび、中国語で解説される。どこへ行くにもついて来られ、何を見ても何をしても話しかけてくる。

「見ているだけです」と言えばいいのだけど、私にはまだハードルが高い。

しばらくして、気になる色のカットソーを見つけたので手に取ってしまった。

案の定店員が近づいてくる。そして、解説を始めようと思ったのだろう、しゃべり始めようとしたその時だった。さっき食べたお昼ごはんがフィードバックしたのか、私の耳元で響いたのは

ゲップぅう……。

え、いま、もしかして？

初めてのことで、動揺した私は思わず店員を二度見してしまったが、そんなうろたえた客のことなど気づきもせず、店員はめんどくさそうにしゃべり続けている。

ゲップって、人前でしていいものだっけ？　しかもこんな、至近距離で？　お気に入り

のカットソーなど、とうに現実から離れ、いまのゲップ？　いまのゲップ？　と頭の中はぐるぐると回っていた。

人前で、これだけはしちゃいけないって、なんとなくある。生理的な現象は、とくにだ。食事中におならやゲップ、ありえないよね。当然だよ、だって、食事がまずくなる。だけど、ここでは、それらが公衆の面前で行われる。もちろんすべてではない。けれど、生活していると、それに直面することは、多々、ある。

そりゃあ、我慢できなかったり、どうしてもってときは、人間だもの、しょうがない。自分だって同じだ。だけど、できるだけ音を小さくする工夫もするし、しなくてすむような体操だってする。ゲップなんかは、我慢次第でどうにでもなる。

だけど、我慢の範疇に、それらは、どうも入らないらしい。

この日から、「ゲップを人前で？」という疑問を抱くようになったのだけど、気がついてみたら、誰もかれも、飲み会の席になれば堂々とゲップする。夫の友人たちはあらゆるところで、どでかいのをするし、家族だって食卓でかまいやしない。「なにがいけないの」

と言われそうな勢いだ。

そうすると、少数派の私はすばやく頭を回転させ、「今のは聞かなかったことにする」と命令する。けれど、命令すればするほど、先ほどの疑問は大きくなっていく。

おならだってそうだ。目の前でされたら、ちょっと驚く。それに、当の本人がまったく、恥ずかしそうにしていない。そのことに、うっすら感動するようになった。

そのような圧倒的多数に囲まれてみると、ゲップやおならが、「恥ずかしいこと」であるという刷り込みがある自分に気がつかされる。それが過剰になって「人前で絶対してはいけないこと」になって「もしかしたら軽蔑されること」になっていないかって、どうしたって自問自答せざるをえない。

冒頭のゲップを至近距離でぶちかました店員は、ひたすら商品解説を続けるし、お酒を飲みながらおならした夫の友人は表情ひとつ変えず、酒を乾杯し続ける。そして、その中で「不快だ」と感じているのは、私ひとりだという現実は、なにかこう、「マナー」っていうありきたりの言葉では突き崩せないものがある。

マナーよりも先に、わたしたち、生きているのだった！

ゲップやおならの洗礼を受けながら、私も自分の刷り込みを、少なくとも「人前では遠慮すべきもの」くらいの認識に戻したいと思うようになった。

映画館で自由になる

娘のリクエストによって、映画館へ行くことになった。子ども向けのアニメ映画なら、大型デパートに併設されているシネコンへ行けば、だいたいのものは上映しているから、調べもせずに近くの映画館へと向かう。これが、けっこう息抜きになるのだ。

中国暮らしに慣れようと思ったら、私はまず映画館へ行ってみるべきだと思っている。「あなた、中国でやっていけますか。それとも今すぐ帰りますか」を、てっとり早く、ライトにつきつけてくれるからである。

というわけで、「ワンダ」という大型デパートにある映画館へやってきた。

上映しているのは、だいたいハリウッドの大衆映画、もしくは香港系のアクションもの、あるいは大陸、台湾系の恋愛もの、そして子ども向けアニメだ。

生憎この日はアニメの上映がなかったので、しかたがなく『トランスフォーマー／ロストエイジ』（２０１２年）を見ることになった。これなら、中国語がわからない私でもストーリーをなんとなく把握できそうだ。

館内はほぼ満員だった。中国人女優のリー・ビンビンが出演しているせいか、夜の回にもかかわらず大入り。気まぐれにやってきて、上映ギリギリにとったチケットだけに、入ってみたら座席のとなりは壁という、防災上なにかあったら危険きわまりない席を確保したが、これほど熱気がこもる夜の映画館に来るのは初めてだった。３Ｄめがねを着用し、飛び出すトラックたちの華麗な変身を見届けることができ、大満足。


さて、私が、中国における映画館がすばらしいと思う点はいくつかある。

たとえば、上映中、多少のおしゃべりは問題外！　途中、座席を立ちあがったり、目の前を誰かが通過することがあってもあたりまえ。売店で巨大なポップコーンも売っているが、自宅から持ちこんだひまわりの種などのおやつ類は、皮をむいて座席の下にぽい。極めつけは、携帯電話でメールしたり、こそこそ話したりしても大して文句言われない。最後に、赤ちゃん連れで何が悪いの？　ってな感じのオンパレードである。

最初に映画館に入った日から、一瞬で「映画館でやってはいけない」と信じていたこと、のすべてが否定された。

書き出してみれば、映画館ってすさまじい状況……にも思えるかもしれないが、これがさすがに、作品が鑑賞できなくなるほどの騒音に満ちてはいない。みな、「作品が鑑賞できる」程度には節度を守っているわけで、それ以前に作品自体が騒音をぶっぱなしているのだから、それに準じて、ということなのだろう。

一度、目の前に座った若者が、スマホを取りだしてムカついたことがある。チャットをするものだから、映像以前にブルーライトが目にちかちかと入り、煩わしい。そこで黙って見て見ぬふりしていては、今後の中国暮らしが心配である。こういうときこそ、はっきりと、「まぶしいから、やめてほしい」と伝える。なんのことはなく、ああごめん、といったふうにスマホを片付けてくれた。

こんなところでスマホ取り出す奴が間違っている、マナーがない、これだから……と、誰もが思うところだろうが、ここは中国。

迷惑と感じる人たちが周りにいれば、こそっとその行為をやめてほしいと伝えればいいし、そこから離れればいいのだ。それをするか、しないかで、中国暮らしの快適さは格段に変わる。

前提にあるのは、ここに来ている人たちは、静かに映画を観たい人たちでもないし、静かに映画を観るべきだと思っている人たちでもないということ。注意されたからって逆ギレする人たちでもなければ、注意すればやめてくれる人たちなのだ。
たとえ目の前を、トイレに行く人が通ってスクリーンが隠れたとしても、その数十秒で終わりだと思えばいい。子どもが静かにしないなら、「はいはい」とか言いながら外に出せばいい。

いまや、巨大なモールのなかで、ショッピングして、食事して、映画を観る、というのが、ひとつのデートコース。改めて思うけれど、中国の映画館とは、後にも先にも、わいわいと楽しむために行くところなのだ。人生をしみじみ味わいにいくところではない。知人（20代女性）に言わせれば「恋愛映画を観るために、映画館には行きたくない」のだ。なんてったって、必須アイテムは、３Ｄめがねなんだから。

中国病院体験記

瀋陽での、初めての年明け。春節が本来の正月である中国にとっては、ただの休日にすぎない西暦上の新しい年をなんとなく迎えようとするころ。

原因不明の頭痛が始まった。夜通し、頭部全体がヘビーメタル状態。痛すぎて眠れず、うめきながら耐え、夜が明けるころには、船酔いが始まっていた。

日本から持ってきた頭痛薬を飲んでみるが、ぜんぜん効かない。午後になって、食べることもできなくなり、昨日食べたものは吐き出されるようになった。

「病院へ連れて行って……」

中国では絶対に病院に行かないと心に決めていたにもかかわらず、命の危険を感じて白旗を振ったのは、午後8時を過ぎる頃。

歩くのも困難な体を、なんとか車に押しこむと夫が言った。

「病院に行ったら、風邪だと言われて点滴されて終わりだと思うけど」

いつもなら、イラッとするところだったが、その気力も残っていない。

やっとの思いで到着したのは、中国医科大学付属医院として、新規オープンしたばかりの盛京医院。

「急診」の入口をはいると、そろそろ深夜に近づくというのに、人がうようよといた。1階の出入口から受付窓口に向かい、どこに行けばいいか尋ねると、いきなり人が群がるオフィスのような部屋に連れていかれた。

カウンター席に座る若い女性に向かって、夫がなにやら説明している。

「じゃあ、まず心電図。そのあとCTを撮って、それから血液検査してきて」

サクッと指示を受け、私たちはまた移動するのだが、いったいさっきの人はお医者さんなのか、受付嬢なのか、薬剤師なのかわからない。頭痛の鳴り止まない頭では、もろもろに抵抗する力も出ないので、言われるがまま脳天をスキャンされた。

血圧、熱、心電図、そして血液検査。すべての検査をなんとか終え、結果が出るまで再びカウンターのあった部屋に戻り、適当に並べられた簡易ベッドに倒れ込んだ。

2時間は経っただろうか。

目が覚めると、夫がいて、

「風邪だって。点滴したら、終わりだよ」

あれ、このセリフ、どっかで聞いたことある……。

午前12時すぎ、ふとい針を、左手の甲の青筋にぶっさされ、風邪薬入りの液体を体に注入されると、次第に頭痛は落ち着いていった。


こうして実際に中国の病院にかかってみて実感したのは、中国の医療が提供しているのは、データを組み合わせて、結果にあった薬を処方するだけのことで、重篤な病でない限り、医者に症状を見てもらったり、診断を仰ぎにいくところじゃない、ということだった。

私がいつ、お医者さんに会ったのか、わからない。

もしやあの受付嬢風のお姉ちゃんがお医者さんだったのか、もしくは？　そもそも「名医」といわれる人はほとんどが権力者かお金持ちの専属医になっていて、夜間の救急病院で待機しているのはほとんどが研修医であることを知ったのは、ずいぶん後になってからだった。

この体験から、私は医療と患者との関係を、ものすごく考えさせられた。

この日の私は単に、ベルトコンベアに乗っかった一体の患者であり、「データ」以上のなにものでもなかったのだ。そのことが、どれほど個人の精神状況を蝕んでいくか……。

別件で瀋陽でも最先端の技術と設備を誇る婦人科にかかったこともあるが（その頃には中国の病院に対する免疫ができつつあった）、日本語を話すその女医さんは流暢な日本語でこう教えてくれた。

「中国の病院っていうのは、日本とはシステムが違うから、医者が医療に一生懸命になれないのよね。コネも大事だし。あなたがもし、ここで治療を受けるなら、私を予約しなさい。本当はいけないんだけど、知り合いだって言えばなんとかなるから」

そういって名刺をくれたのを、私はしっかりと握りしめていた。

お医者さんとのコミュニケーションが全く行われず、非常にシステマチックに、合理的に診断され、点滴さえ打てば、医者も患者も治療した（された）気になっている中国の医療。

ときどき、1歳にもならない赤ちゃんが、こめかみに点滴の針を張り付けているのを見ることがあるけれど、元来の東洋医学をひっぱってきた中国でそれがまかり通っているのが悲しい。

2、3日して固形物が食べられるようになり、改めてこの残念な病院体験記を金額的に振り返ってみたところ、私のこの日の医療費は、しめて約700元（約9000円弱）。個人的にかけている医療保険もなにもないので、実費をそのまま支払ったわけだけど、中国らしくて面白いなと思ったのは、もらった領収書に血圧検査からCTにいたるすべての検査のいちいちに料金が明記されていたこと。

CT費330元。点滴100元。そのほか、診察料5元、注射針代に3元、検温に1元……。検温に1元かかるのか、という新鮮な驚き。夫はレシートをひと通り眺めて、「病院は中国で一番儲かってる企業なんだよ」と言った。

第3章　連絡は当日までにやってくる

情操教育が人気らしい

娘の中国語が猛スピードで上達している。そろそろ、考えてもいいかもしれない……。

そう、5歳になろうとする娘の子どもの習い事である。中国の幼稚園でのスパルタ式詰め込み教育にも慣れた今、体を動かしたり、何か息抜きになるような時間を持たせてあげたい。

だけど、子どもに勉強以外で何を習わせるかを決めるのって、けっこうなプレッシャーである。親側にはっきりとした教育方針があれば違うのだろうが、私のような根無し草のような親は、「この年でピアノ始めたほうがいいのかな？　それとももっと知的好奇心を育てる工作教室とか？　やっぱりレゴとか？」などと迷宮入りしてしまう。

それ以前に、ここは中国なのだった。

ここにももちろん、習い事のできる教育機関は掃いて捨てるほどある。学習塾に加え、最近はピアノや民族舞踊、バレエなど、情操教育への人気も高い。たとえ自宅にピアノがあろうとなかろうと、今や子どもにお金をつぎ込んでなんぼである。

英語塾は近所を歩くだけでも、あふれるほどあった。英語もいいが、中国語がやっと使えるようになってきた娘にとっては、英語という新しい言語を中国で学ばせるのは負担が大きい。それよりももっと、ここでの暮らしのプラスになるような、楽しむ糧となるような……。

なんてことを考えていたら、行きつけのカフェのオーナーがこういうではないか。

「最近、ニニ（オーナーの娘）がお絵かき教室に行きはじめたのよ。本人も絵を描くのが好きだし、安かったから」

このカフェオーナーというのは、私と同世代で、5歳の娘のシングルマザー。ふだんは仕事を持ちながら、両親と協力しあってカフェを営業する。店内には、自分で描いた油絵や水彩画が並べられ、アンティーク雑貨などのネット販売も手掛けるやり手だ。

つまり、そもそも絵を習わせる必要のないセンスのある環境にいながら、ニニちゃんがあえてお絵かき教室に行き始めたと聞いて、ピンときた。

聞けば、うちのマンションのすぐそばにあるというではないか。

「うちの娘もぜひ行かせたい！　今度、一緒に行ってみてもいい？」

「もちろん。無料体験できるはずだから、今度紹介するよ」

というわけで、ほんとにマンションの目の前にあった「東方美術教育学校」という小さなアートスクールに出向いたのである。

主に、絵、音楽、舞踏などのいわゆる〝芸術〟を主体として学べるアートスクール。メゾネットタイプの部屋を改装した小さな学校だったが、薄っぺらい壁で仕切られた教室の壁に、ベートーベンやらショパンやらの肖像画パネルにならんで、満州生まれの世界的指揮者、小澤征爾も掲げられている。

授業料は350元（1回35元のチケット10回分）。指定の曜日に10回通い、更新するなら新たに350元支払うというシステムらしい。

受付を済ませると、合わせて、スケッチブック、36色クレパスを買わされ、早速、ニニのいるお絵かき教室へ入った。

「ユエンユエン！」とニニがうれしそうに声をかけてくれ、隣に座った。

先生は、魯迅美術大学卒業の美術専門教師の資格を持つ若い女性。この日のお題は「水面を飛ぶとんぼ」だった。

先生が、自らが描いたポップな「水面を飛ぶとんぼ」のイラストを黒板に張り出す。先生が解説しはじめる。聞きとれる中国語を拾っていくと、直線、曲線、そしていくつかの図形を描きながら、

「水面はまっすぐな直線。水面に浮かぶ草はどう？　そう、直線が組み合わさったジグザグね」と解説していく。

トンボの目の周りの曲線や円の重なり、三角形の書き方……うん？　アートというより、数学か？　と思わなくもなかったが、いやいや、幼児にはこのくらい簡略化したほうがわかりやすいのかもしれない。

時折、先生からはこんな注意も入った。

「お手本をよく見てね。好きな色を塗ってもいいけど、ここは塗らなくてていいです」

「先生が話しているときにはこちらを向いて」

「終わったひとから、クレヨンをおいて、姿勢よく座って」

不安になったのは私ぐらいで、子どもたちは指示通りにすばやく書き終え、先生からスケッチブックにキラキラ星のシールを貼ってもらって得意げ。

かたや娘は、スピードの速い先生の話し言葉に、ついていくのがやっとのよう。隣に座っているニニの助けもあって、なんとかとんぼを書き終えることができた。ところが、塗らなくていいと言われた「空」に青色を塗りこんでしまったようだ。案の定、「ここは塗らなくてもいいのよ」と、先生に一言注意をもらってしまった。

そんなこんなで、やっとできあがった絵は先生が描いたものを見事に踏襲した「水面を飛ぶとんぼ」であった。

要するに、「中国的情操教育」というのは、「中国的情操風超つめこみ教育」ではないのか。疑問は、今も晴れない。

けれど、今後もこのアートスクールに通わせるとしたら、この先生やカリキュラムに求めるものは決してアートではない、ということだけははっきりしたのでよかったと思う。前向きに考えれば、「簡略化したラインで描く」「集中して模倣する」という授業方針にも、何かしら得るものはありそうな気がする。

なによりも、カフェ店主の令嬢と同じ教室に通えるだけで、うれしそうな娘の顔を見てたら、「これはアートスクールじゃない」なんて言えない。

これを模倣というのか、コピーというのかは主観にゆずることにして、娘のスケッチブックに浮かびあがったとんぼは、先生が指導したとおりのとんぼであり、わりに正確に真似ることができていて、ちょっと誇らしい。

おばあちゃんが大活躍

「ジュウマー！（※中国語で叔母さん）」といって、姪のジョジョが駆け寄ってきた。

ひょんなことで、小学校に通うジョジョの迎えに出向くことになった。おそるおそる小学校前へたどり着くと、すでに保護者の人だかりである。門の向こうの運動場で、クラス名を書いたプラカードを持った子どもたちが集まっている。私は教えられた「三年四班」を探した。

ジョジョは、いつものおばあちゃん（義母）ではなく私が来たことを不思議に思うでもなく喜んでいる。

「おばあちゃんが用事で、おとうさんとおかあさんも仕事で、あなたのおじさんも仕事で、だから私が来たよ」

片言の中国語で事情を説明すると、「あはは」と笑った。

中国では、いまどきの小学生がひとりで学校に通うのは難しい。インフラは整っていいないし、外には危険や不衛生なものがいっぱい、そのうえ子どもは一人っ子である。夫が子どもだった時代、だれもかれも貧しかった頃は、子どもや兄弟同士で連れ立って学校に行ったり、ひとりで道草して帰ったりしたそうだが、そんな余裕が、今の中国にはないのだ。

ジョジョは、近所の実験校（先進的な教育的取り組みを行う学校）に通うが、残念ながら勉強好きではない。遊んだり、踊ったり、おしゃれしたりするのが大好きな女の子である。両親が共働きだから、ジョジョはほとんどの場合、おばあちゃんちで過ごしている。朝夕の食事、小学校の送り迎え、塾の送り迎えなどはすべて、おばあちゃんの役目。加えて、夏場の暑い時期には、水やおやつを持って、昼休みの時間に校門前で待機していたりする。お手伝いはさせないかわりに、宿題や洋服の選択、すべておばあちゃんが見てやっている。

中国では、いまや子どもの学校への送り迎えをするのは当たり前のこと。危険運転者がうようよする公道に、子どもひとりを送りだすわけにもいかず、また誘拐や犯罪に巻き込まれる危険性を否定できず、親や祖父母らが子どもを必死に守る社会である。

そんなわけで、当然ながら、ジョジョはすっかりおばあちゃんこ。自分の家に帰るより、おばあちゃんの家で暮らしている時間のほうが長い。かつ、おばあちゃんのほうが、両親より優しくて、なんでもやってくれることを知っている。どこの家庭でもそのようにして、子どもを中心に回っていく。子どものためにできることを、し尽くしてしまう。

義母が過剰なのでもなんでもない。どこの家でも、そんなふうに対応していないほうが「放任」と言われてしまう可能性が高い、現在の中国である。

なんと過保護な……と、思ってしまいがちなのは、恐ろしい事件が多発するといわれる日本社会でもまだ、「公共性」とか「他人を信頼する」とか「子どもを育てる」ことにおいて、健全な人間関係を保っている証拠なのだと思う。

中国で日本の小学生が子どもたちだけで集団登校しているなんて言えば、「ええ！　危なくないの？　子どもたちだけで行かせて、あなた平気なの？」と100％返ってくる。

一方で、子どもも辛いだろうな……。本来、外は自由であって、いろんな経験をする場所で、出会いをもたらしてくれる世界。

だけど、一人っ子がマジョリティであるこの中国で、子どもにとっての外の世界は、

「危険」で「非教育的」であり、「不衛生」な場所なのである。考えれば考えるほど、ここでは、集団登校や子どもだけで遊びに行かせることほど、非現実的なことはない。そのくらい、まったく違う文化圏を生きているのだな、とおばあちゃんの活躍をみて、思う。

ジョジョと歩きながら、今日のお弁当のことだとか、学校の話を聞いているうちに、ふと、周りのおじいちゃん、おばあちゃんたちが、子どもたちの教科書が入ったリュックや荷物を持ってやっているのに気づいた。私は一瞬、迷う。

「持ってやるべきか……」

これが日本なら迷うべくもないのだが、ここは中国。いつもおばあちゃんに荷物を持ってもらっているであろうジョジョの表情もどことなく、それを期待しているように見える。

しかし私は、心を鬼にしてその考えをスルーさせた。子どもでも、自分の荷物は自分で持つべきである。責められたら、わたしは中国式の甘やかしなど知らない、と言えばいい。

しかし、それでも多少親心がはたらく。だから、背中のリュックではなく、お弁当や着替えが入った手提げカバンを持ってやることにした。

家につくと、ジョジョが言った。

「はあ〜。重かった……」

おばあちゃんがかばんを持ち上げながら、

「背負って帰ったの」

と驚き、嘆いている。

かばんを持ち上げてみて驚いた。教科書の類が20冊近くはいっているカバンは、10キロ近い重みがある！　つまらない考えなんか捨てて、さっさと持ってやればよかった……。

なるほど、これだけ重い荷物を持って来いだの持って帰れだのと命じる学校側も、もはや、おばあちゃんの活躍なくしては成り立っていないのだ。

中華料理は屋台がおもしろい

夏になると、そこかしこに屋台が出る。それも、自転車に箱をつけただけの、リヤカー型屋台が、ほとんどだ。

その筆頭が、羊の肉を串にさして焼いてくれる、串焼肉の店だ。出店が手軽なのだろう、道路をはさんであっちにもこっちにも、日焼けしたおじさん、おばさんらが、モクモクと炭火をおこしながら、串焼肉を焼いている。

娘は、これが大好きで、見つけるたびに「食べたい」と言った。1本が1、2元だったり、焼く前にいい肉を自分で選ぶこともできる。ほとんどの場合、その場に即席のテーブルやイス（ブロック石だったりするけど）が用意されてたりもして、休憩がてらちょっとだけ「外食」もできる。あまりに手軽すぎる、即席の屋台。しかも、夏限定。

「おじさん、5本ちょうだい」

「はいよ」

「辛くしないでね」

「ＯＫ」
これが、串肉を買うときのいつものやりとり。そのうち、娘もひとりでこれが言えるようになって、近くに串肉屋がいるときは、10元ほど握らせて、自分で買ってくることもあった。

串肉自体は、通年であるものなのだが、瀋陽はいかんせん、冬が長く夏は短い。マイナス20度を超えることもある冬を耐え、ようやくやってきた短い夏を味わい尽くす娯楽のひとつが、屋台で食事をすることだった。
飲食店はこぞって店の前に串肉屋を広げ、戦場のような場所取り合戦を繰り広げる。歩道だからって、道路だからっておかまいなしだ。日が沈むころになると、串肉屋がいっせいにテーブルやイスを並べ始め、仕事帰りの客を迎える。車の排気ガスをまともに受けていようと、涼しげな空の下、気の知れた友人でバーベキュー気分を楽しむ娯楽に比べたら、大したことじゃないのだ。

串肉を筆頭に、瀋陽の屋台が楽しめるようになった頃には、自分で好きなものを注文できる中国語も身につけてしまっていたから、「あれは、食べてもだいじょうぶそう」とか「ちょっと小腹がすいたなあ」という思考の赴くままに、買い物ができる気軽さも、屋台の魅力だった。

やきイカ、ゆでとうもろこし、焼き芋、焼き栗。一時期はまっていたのは、ジェンビンだ。ジェンビンというのは、クレープ状にのばした厚めの生地（重めのパイ生地に似ている）を焼いて、ソーセージや目玉焼き、野菜などをはさんで食べる中華風サンドイッチのこと。これが、冬の寒い朝、たまらなく食欲をそそるのだ。

きまって、バス停近くに集まって商売しているものだから、つい、欲しくなる。しかも、バスに「定刻」などという概念がないので、気長に待とうと思うほど、手が伸びる。1個5元。これで、昼まで十分に持つくらい、おなかいっぱいになる。

ジェンビンを食べながら、それにしても、こういう屋台を商売にしているおじさん、おばさんたちのたくましいことよ、と無責任なことを考える。

リアカー式の屋台を切り盛りするのはだいたい農村から出稼ぎにやってきているような人たちで、年中日焼けしたような顔つきで、あまり愛想も表情もない。数百元で手に入るリアカーに、ガス台や拾った板を取り付ければ店が開業できるのだから、日銭を稼ぐにはてっとり早いのだ。

衛生的には、問題ありまくりだ。素手でポケットにつっこんだおつりを取り出しながら、素手でそのままこねる。油だって、いつどこで入手したものを何回使っているかわかったもんじゃない。

だけど、こういうのから遠ざかるのも、なんかもったない気がした。初めて買ったときは、「お腹を壊しませんように」と祈ったものだが、一度味をしめてからは、見つけると、つい店をのぞいてしまうようになった。

「私も瀋陽生活が板についたものだ」と自慢したくなるのだけれど、だからといって、彼らが良心的かどうかは、また全然別の話。それがわかるようになるのはもうちょっと先のことなんだけど。

幼稚園児の宿題に思うこと

娘が年長クラスになったとき、宿題の量がど〜んと増えた。持って帰ってくる、計算ドリル、ピンイン練習帳、漢字練習帳、アルファベット練習帳。どれも、量は質を兼ねる、とでもいうのか、同じ文字を1ページ分書いてこい、だの、ドリルを何ページまでやってこいだの、典型的な詰め込み教育である。

「今日は宿題あるの？」

「計算と中国語」

10までの足し算、引き算を3ページ。ピンイン練習張を1ページ。多い時には、これに漢字の書き取り1、2ページが加わる。

娘は、先生に怒られるからといって、いつも宿題をやっていくタイプ。やるかやらないかは本人に任せたいのだが、家に帰ってくると「宿題あるの」と聞いてしまう。「宿題を忘れると、めちゃくちゃ怒られるの」と、以前娘に聞いたことがあったからだ。できれば、娘をそんな憂き目に合わせたくない。

幼稚園に通い始たころは、怒るなんてなんか嫌だなあ、と思ったものだが、慣れてくると（それがここでは当たり前だとわかってくると）、幼稚園にクレームつけるより、家でフォローしてやることのほうが大事だと思うようになる。

「今日は先生に怒られた」と疲れた顔で帰ってきたら、「そうかそうか、じゃあ今日はなんかおいしいもの食べようか」とか「先生の機嫌悪かったのかなあ。お母さんはあなたの味方だよ」とか。思いつく限りの言葉を並べて、家では癒やしてあげたいと思う。

お互い気をつけているのだが、宿題をうっかり忘れてしまうこともある。朝、出かけるときになって、「忘れてた、今やってもいい？」と玄関で真っ青な顔で訴える娘。けれど、玄関先で言われても、とれる時間は10分もない。そうなると、私も手出ししたくなるし、結局そこまでして宿題をしても意味がない。「忘れたんだから仕方がない。このまま行きなさい」と心を鬼にして伝えると、決まって号泣するのだった。

ところで、幼稚園に通うようになった娘を通して、いかにも中国らしい教育的特徴を感じることがある。それは、「自己主張」の在り方だ。日本でことさら強調される「個性」とも違って、より「自分中心」であるところが、とても中国らしい。

たとえばこんなこと。

◎先生の話を聞くときは、いち早く姿勢を正して先生にそれを見てもらう。

かつての日本でも同じだったのだろうが、ここではほぼ小さい軍隊さながらの姿勢が求められる。背筋を伸ばし、両腕を胸の前で重ねて机の上におく。それが、話を聞く準備体勢であるのと同時に、より早くこのポーズを示すことで、先生に対するアピールにもなる。子どもたちは、そのまままっすぐ前を向いて動かなくなるのだが、ときどき「私を見て！」といわんばかりに海老反りに近い体勢で座っている子どももよく見かける。

◎授業中に態度がよかったりするとシールや消しゴムをもらえる。

餌付けみたいで私は好きではなかったが、ごほうびがあるからがんばろうと思えるのは、子どもらしくていいところもあるんだろう。ほとんどは、小さな消しゴムやシールなど、市場で1元、2元で手に入る類のもの。おもしろいのは、ラメのきいた派手なシールをノートに貼るならまだしも、おでこや手の甲にいくつも貼って帰ってくることがあった。ノートや連絡帳などで十分ではないかと思うのだが、顔にまで貼ってしまうところは、いかにも派手好きの中国らしい。

◎写真を撮るときは必ずポーズをつける。たとえば、胸の前で、手でハート型をつくるとか。

笑顔だけではもの足りない。両手が空いているなら、なにかポーズをつけたり、足をクロスさせてモデル立ちするのが当然。華やかに自分を演出することをためらってはいけない。幼稚園で撮影した写真をもらうことがあったが、子どもたちの作られた笑顔やポーズを見ていると、遠慮して控えめにたたずむことの美徳よりも、たとえその場限りでも作り込む大切さを、改めて思い知るのである。

それぞれにいい面もそうでない面もあるだろうが、このような環境で育った娘を冷静に観察してみれば、日本的な協調性は欠けているが、かといって中国の子どもたちほど自己主張できるわけでもない。スポンジのように、いろんなことをそのまま吸収してしまうお年ごろだからこそ、宿題なんかはどっちでもいいのだ、と改めて思う。

PM2・5とどう付き合うか

11月にも入れば、瀋陽はほぼ日本の真冬。そろそろ冬のコート（瀋陽仕立て）を買いにいかねば……。

しかし、窓の外を眺めると、どうみても白い。

晴れた日にはくっきりと見える、20メートル先の銀杏の木々が、かすみがかっている。10メートル先がやっとという視界。

ぼんやりした頭で「霧かな？」と思ってみる。きっとそうだろう、そのうち晴れるだろうと思って外出。ところが、その白い霧が、午後になっても居座っている。

「これはＰＭ２・５である」と気づいたのは3時も過ぎる頃。あわてて微信《ウェイシン》（中国版ＳＮＳ）をのぞくと、地元の友人らの投稿に「危険！」「マスク必須！」の文字が踊っていた。この時間まで大気汚染であることが認識できない私もどうかと思うが、これを「慣れ」と呼ぶのか「無知」と呼ぶのか、すぐには判断できない。

道端の露店商で、布製のマスクを買う。装着するとフェルトで豚の鼻が描かれていたり、動物の耳がついていたりするのが、また悲しい。

一時帰国したときに、友人知人から聞かれる質問ナンバーワンといえば、「大気汚染ひどいんでしょう、どうだった?」である。

こんなにひどいことになっているのだよ! と、力説できたら一番いいのだけど、実際に暮らしてみると、この調子なのでどこまでが大気汚染で、PM2・5で、有害物質なのかがわからないのが正直なところ。

あまりに日常的すぎて、ぴんとこない、といったほうが正しい。中国暮らしが長引くにつれ、どんな警報も自分で解除する癖がついてしまうこともあるだろうが、そもそも、瀋陽というのは、曇り空の多いところ。青空とはこんなに気持ちのいいものなのか、と雨の降った後の晴れ渡る空を見て、うれしく思うときがある。

歴史を紐解いてみても、ここは軍用機などの製造をはじめとする鉄鋼業がさかんな工業都市。工場がどかどかと建設され、なかには日本人が建てた軍事工場をそのまま再利用した施設もあったりする、工業とともに発展してきた地方都市である。

おそらく、空にむかって伸びる煙突から、黒い煙がもくもくと吐き出されていた時代が、つい最近まであったに違いない。そう、いまも昔も、ここはきっと空気が白かったのだ、と自分に言い聞かせてみる。

言い聞かせてみるが、この視界の悪さ、煙っぽさには、やっぱり異様なものが含まれているような気がしてしまう。いったいどのくらい体に悪いんだろう。そんなことを想像しているうちに、恐怖心が恐怖心を呼んで余計病気になりそう。

ＰＭ２・５の要因のひとつとされるのが、冬の暖房だ。マイナス20度を超える瀋陽の真冬の生活に、暖房は欠かせない。11月から4月まで、毎日各家庭にとりつけられている温水暖房に熱湯を送り、部屋を暖めてくれているのは国営企業のみなさん。この暖房システムを稼働させるのに、石炭がじゃんじゃか使われる。おかげで室内は冬を通して初夏並みに暖かいが、工場の煙突からもくもくと煙る外気は、おそろしくいがらっぽく、煙たい。

ある子育て中のお母さんは、こう言った。

「瀋陽の冬は空気が悪いから、子どもには絶対マスクをさせてるよ。学校から帰ったらなるべく外出しないで、家の中で遊んだりね。日本はいいわね、冬でも空が青いんでしょう」

別のお母さんは、こういう行動に出た。

「来月から、海南島へ行くの。瀋陽の空気があまりにも悪すぎるから、南の島でしばらく暮らすのよ。親戚？　いないよ。向こうに祖父母が一緒についていってくれるから、私は娘と一緒に移動して、しばらくしてから瀋陽に戻る。仕事があるからね。娘は、春ごろに戻ってくる予定」

そのくらい、瀋陽の大気汚染は深刻ってことか？　私たち、大丈夫？

大気汚染に心を痛めている人は多い。けれど、その原因の一端が、自分たちの暮らしにあると気づいている人は、そんなに多くない気もする。今は、自分や家族を守り、快適な暮らしを守ることに精いっぱいで、できることから改善しようという行動に変わるまでには、まだまだ時間がかかりそう。

環境と自分。中国の公共意識の在り方を体験してきた今なら、このふたつを関連付けて考え、しかも行動を変えていくというのは、とても根気のいることだとしみじみ思う。でも、きっと若い世代が変えていくだろう。だれも、こんな空気の下で暮らしたいとは思っていないのだから。

でも、白い空気を濃霧だと信じていた私も決してほめられたものじゃないけれど、夜な夜な快適な暖かい部屋で眠っていながら、ＰＭ２・５を悪者にするのってやっぱりばつが悪いよなあ。

だから、私はいつも悩むのだ。この汚染をどうやって伝えたらいいんだろうと。

連絡は当日までにやってくる

当時使っていたQQというチャットシステムに、李老師から連絡が入った。

「あさって火曜日、演芸会を開催します。イスを持って4時半に集まってください」

何度も読み返すが、にわかには状況が飲み込めない。あさって演芸会？　イスを持っていく？

夫に聞いてようやく理解したのは、二日後に開かれる演奏会に、自分で折りたたみなりのイスを持ってきて、自分で観覧席を確保せよ、とのことらしい。

内容がつかめたところで、私にはなぜこのような連絡が、二日前に届くのか、まったく理解できない。

演芸会というなら、もう少し早く日程がわかっていたはずだし、早めに連絡する方法だってあるはずだ。それがチラシ一枚なく、QQというメールよりも軽いチャットで連絡がくるとは……。

仕事をしているお母さんやあさって都合が悪いお母さんはなんと言うのだろう。けれど、これだけ突然連絡がくるのだから、受け取ったほうも「なんとかなる」のを知っている。

たとえば職場に「あさって娘の演芸会なので早退します」といってまかり通ることを。中国暮らしも慣れてくれば、何事も、この「連絡は当日までにやってくればＯＫ」というのが体でわかってしまう。そして、私の場合は幼稚園にこの基本を教えられたような気がしている。

「明日、画用紙を使うので持ってきてください」
「明日、黒いヘアゴムをふたつ、持ってきてください」
「明日の遠足の服装は、白いＴシャツに短パンでお願いします」

ＱＱや、迎えにいったときの立ち話で伝えられる連絡の数々。懇切丁寧に早め早めに連絡がくるのは、月謝の支払い日のみだ。

最初のうちは、「なんで、連絡がこんなに直前なわけ？」とぼやいていたが、中国人である夫に詳しい説明ができるわけがない。それが当たり前だと思っているのだから。

これに慣れてくると、二日前の演芸会の連絡はまだマシなほうだったことがわかるのだ。聞けば、友人は卒園式の日程変更の連絡が前日だったというし、夫は「明日天津に行く」

というし、やがて、予定や計画など立てるものではなく、その場でスパッと決めて、今日、明日の予定を立てるのが人生なのだと実感するようになる。

なぜ、予定や計画を立てないのか？

思い返せば、日本で暮らしていた時も、夫とよくこのことで喧嘩をした。

せっかくの連休、家族でどこかに行ってみたいと思うのは当然の希望であるが、夫はそんな気持ちを知ってか知らずか、1カ月前になってもまったく動こうとしない。そうだねえ、いいねえ、考えよう、とはぐらかしながら、あげく、当日になって寝坊し、「やっぱりやめようか」となる。これって、キレて当然ではないですか。

でも、中国で暮らして、やっとわかった。

結局、だれも予定や計画の正確さを信じていないのだ。極端に言ってしまえば、未来よりも、今日、今、ここでどうしたいか。

ビジネスともなるとそうはいかないだろうが、個人的な付き合いや人間関係、学校とのやりとりを見ている限り、予定や計画が、自分たちの「正当性」や「誠実さ」を証明するものではないことがわかる。だって、自分が動いたところで、だれもその通りに動いてくれないんだもの。

予定を立てることは、つまり、当日、自分以外の誰かを巻き込んで、自分の想定内で行動範囲を定めることだ。一緒に飲みにいく相手、移動するときのバスや電車、それから行ってみたいと思っている場所や施設。

そんなものが、一カ月先、一週間先まであてになるとは、はなから思っていない。相手の電話がつながらなくなることだって往々にしてあるし、天候次第で交通機関は止まり放題、ホームページに書いてある店や施設の情報は嘘八百だったなんてこともある。

そもそも、自分ひとりだけで行動するなら、予定などいらないのだ。

けれど、これに日本人が慣れるのには時間がかかる。建前やプライベートを大切にする日本人が、今日明日のことに対応できるというのは、ちょっとみっともない気がするし、相手にデリカシーがないともとられかねない。よっぽど近しい人間関係を築いている相手としか成り立ちにくい。それが、仕事上の付き合いや、薄いつながりを保っている人にまで拡大できてしまうのが、中国なのである。

はたまた、そんな几帳面な日本人が「今日、明日、どうする?」に慣れてくると、今度はこれが俄然、楽なのである。「あ、行こう行こう!」となるか「ごめん、やめとく」となるしかないのだから、それらしい言い訳を作る理由も、断ることへの罪悪感もない。だって、誘ったほうにだって「急すぎる」んだから、あっさりしたものだ。

結局、「連絡は当日までにやってくる」くらいのほうが誠実さと正当性を証明できるというほうに、今は一票を入れたい気持ち。相手のスケジュールなど知ったことではない、いまここで、誰と会い、誰となにをしたいか、それを決めるのは自分であっていい。

試しに日本も、こういうゆるさを輸入してみるのは、どうだろうか。ずいぶん、生きやすくなると思うんだけどなあ。

天津へ引っ越していった農民たち

自然とともにある暮らしというのは、本当に、お天道様とともに歩むことなんだなあ、と実感した。

トイレは土を掘った穴。こえだめを使って庭で作る自然栽培の野菜はたまらなく甘い。家畜や生ごみは半端なく臭っても、土の上に放っておけばいつのまにか物質もろとも消えてなくなっている。

日が暮れたら眠り、日が昇れば農作業。

日向に水をやり、日陰で休む。

夜になると、信じられないくらい月の光が輝いていて、遠くの夜空で音もなく雷のような電光が雲の奥で光っていた。空気が澄んでいるのだと思う。

瀋陽から車で一時間ほど走ると、ただただ畑が広がる農村地区に出る。

防砂林が風景のアクセントになるばかりの広大な大地に、ぽつぽつと家が見え始めたら夫の父方の親族が暮らす王家村《ワンジャーソン》へ到着。

文革時代、下放された内陸の人たちが中国東北部の農村へやってきて、農業に従事したというけれど、乾燥したように見えるここの大地は、中国でも有数の肥沃な土地なのだそうだ。

王家村で暮らすほとんどの人が、みな自給自足をしている。庭で自分たちが食べる野菜を育て、市場で少しの肉や惣菜を買う。農民は、土地を与えられそこで農業に従事する。収入源は、農産物ほか畜産も。家にくっついた30平米ほどの土地は、自分たちで好きに開墾できる。

夫の親戚が暮らしているのは、そんな畑、田圃にぽつんぽつんと集落が点在するばかりの小さな村。ひょんなことで、その親戚宅へ宿泊することになった。

翌日、村を離れるという親戚一家の、瀋陽駅までの送迎を仰せつかったのだ。

地下鉄の駅が、もうすぐそこまで延びている。近代化の波は、この農村にもにじりよってはいるものの、生活スタイルは、あくまでも農村。砂埃まう土のでこぼこ道。のっそりと歩く、ロバや牛。

車は、小さな黄色い家の門に到着し、家からラオスー（叔父）、その奥さん、18歳の一人息子が出迎えてくれた。

夫と同じ「張」という名の長男家族が、村を離れる。86歳になるおばあちゃんを連れて、大都会天津へ引っ越すことになったという。

「息子が天津の大学に合格したんだよ。都会で暮らすなんて初めてだし、おばあちゃんを連れていくっていうからみんな心配している。仕事は、天津の親戚が面倒を見てくれると言っているけど、おじさん、だいじょうぶかなあ」

夫はめずらしく、深刻そうな顔つき。ラオスーは焼肉の食べ方も、シャワーの使い方もよく知らない。それでも、息子の進学は、一家を突き動かし、一家で移住するというのだから、おじさんの決意たるや、相当なものなのだろう。

中国では、戸籍制度という名を借りたれっきとした身分制度がある。農村戸籍を持っている人は農地が与えられているぶん、都市部での生活や仕事に大きな制限がある。収入が低くなったり、税金が高くなったり、差別されたりすることが往々にしてあるのだ。

けれど、それらを差し引けば、都市部で暮らすチャンスが全くないわけではない。身内の進学や就職、マンション購入に便乗して、家族で引っ越したり、場合によっては戸籍を変えたりすることも不可能なことではないらしい。

彼らが、この村に戻ってくることはもうないかもしれない、と夫は言う。少なくとも今、そのつもりで出発を決意したのだという。

「かあさんは置いていきたいけど、でも結局、だれが面倒を見れるんだ。姉たちはみんな嫁いで村にいるけど、自分たちの生活に精いっぱい。かあさんが荷物になると思っているんだ。だったら俺が見るしかないだろう」

ラオスーは、神妙な顔つきで言った。だけど半面、うれしそうでもあった。

経済発展の波も、情報も押し寄せる村で、死ぬまで土地を耕してなんてやってられるか。そんな声が聞こえてきそうな、決断である。確かに、村に暮らす多くが、一番近い都会の瀋陽市に出たり、あるいは海外へ出たり、いろんな形で「自由」と「お金」を手にしようとしている。方法は、まだあるのだ。村にいるからといって、隔離されているわけではない。

天津には、ラオスーの兄にあたる人（子どものころに養子に出され、ほとんど会っていない）の家族が住んでいて、その一家が経営している工場で、仕事や生活の援助が見込めるという。

そんな遠い親戚を頼ってまで、ここを脱出しようとしているなんて……。

ラオスーにも、息子以上の期待があったはずがない。背負うものや仕事、価値観、家族。自給自足しか知らなかった彼らが、すべてを捨てて都会へ出る最後のチャンス。

彼らを駅に見送りながら、「がんばって」ほど不相応な言葉はない、と思った。

「行かなくてもいいのに……」

前夜、ラオスーの家のオンドルに横たわり、夫はそうつぶやいていた。中国に暮らす人たちの人生って、過酷すぎる。格差もひどいけど、同時にチャンスもありすぎるんだ。

中国は、思ったより、ずっと自由な国だった。けれどその自由が、すさまじい何かをもって迫ってくる。ずっしりと背負いかかるような重みをもって。

第4章　IKEAにいけば中国がわかるかもしれない

日中の金銭感覚

1個10元の商品を、あなたなら、初回いくらに値切りますか？

この問いを中国人の友人から受けたとき、私なら、まあ、6、7元かなあ……とぼんやり考えていたら、友人はすかさず

「2元」

と言いきった。

そんな、あまりにも無謀な、ひどい値切り方、相手に対して失礼ではないか、ひとりうろたえていると、

「そっから始めて、5元くらいにもっていくんだ」

と。

要するに、義理人情ではなく、駆け引き、である。相手の状況や心理などおもんばかる必要など、みじんもない。本人はそう言いたげである。

中国人って、お金に関しては妥協しないな。このときもそう思ったが、考えてみれば、私と夫でさえ金銭感覚が相当かけ離れている。言っとくが全くかみ合わない。それによって、お金をネタに果てしなくぶつかっている。

買い物で言うなら、私は、多少高くても長く使えるいいものを求めがち。ブランドものの財布やかばんを頑張って買うより、ブランド並みの値段のする誰も知らなそうな一点ものを持っているほうが自尊心が満たされる。

反して夫は、買うならできるだけ安いもの、セールなどで安くなっているもののほうが好き。反面、高いものにはわかりやすさを求める。誰もが知っている世界的高級ブランドなら「買ってもいいかな」と思うらしい。

当然、仕事観もまったく異なる。私は、お給料や報酬の額よりも、どれだけやりがいがあって、自分にとってどれくらい意味があるかを求めたがる。それにより、割に合わない仕事でも「好き」の一言で片づけられる傾向がある。

夫は、その逆だ。労力に見合う以上の額を素直に求め、それができる仕事を、その都度選んでいける。お金が十分にもらえない仕事は仕事ではなく、趣味。つまり、仕事とは内容ではなく、お金なのだ。

まあ、ここまで考え方が逆だと、もう好みの問題だと考えたほうが楽なのだけれど、生活をともにするとなると、「好き嫌い」だけの解決策はあまり有効ではない。生活は、割り切れないのだ。

中国に来て圧倒されるのは、お金はあればあるほど幸せ、という価値観である。どんな暮らしであろうと、どんなに過酷な労働をしていようと、お金を稼いでいる人はすばらしい、と周囲から一目置かれる傾向があることだ。

確かに、お金があれば解決できることは、日本にいるときよりも多い。ちょっと融通きかせてほしい、というい つ何時でも、お金を積めば簡単に処理されることがある。喧嘩で警察沙汰になり禁固刑をくらったときの示談金（早めに出してもらえる）、銀行や病院で自分を素早く担当してほしい時の多めの手数料（順番無視で対応してくれる）、学校や先生に支払うなにがしかの金品（子どもをひいき目に見てくれる）……。

それを「賄賂」と呼ぶのか「手段」と呼ぶのかは、中国におけるお金の意味をもっと理解してからではないと、今の私では軽々しく語れそうもないが、ここでのお金に対する価値観に触れながら、実はいちばん直視せざるを得ないのは自分自身のことだ。

お金を欲しがるのって、どっかえげつないと思っている自分。

金の切れ目は縁の切れ目だと思っている自分。

お金よりも意味が大切だと思っている自分。

よって、お金に対するイメージもちゃんと持てずにここまで来てしまい、たいした貯金も稼ぎもできていない自分……。

夫は言う。「夢は夢なんだ」と。

夢を持つことほど、この国で生きるうえでしんどいことはないと言うのである。学歴も大した能力もない自分が、そもそも会社などの組織に属すことのできない自分が、今ここで家族のためにできることは……と必死になって考えているときに、「私、本を作りたいの」と目を輝かせて述べる妻を、夫はどのような気持ちで見つめていたのだろう。「甘い」「痛い」「俺を利用しているんだろう」と悪口をたたきながら、最後には「好きにして」と私を自由にさせてくれる。結局、夫なりにあきらめているのかもしれない。

中国人て「えげつない」と感じている人も多いだろう。目先の利益や現金を求めて、好き勝手なことを言い、周りを考えず行動して、用がすんだらサッといなくなる。

無礼きわまりない……と感じるのももっともだが、一方で、彼らにとっての「お金」には、私たち日本人が構えてしまうような意味がさほどないのだと感じる。格差が広がるばかりの今、豊かな人生とは、広い部屋が買えて、高級車に乗ることで、お金を欲しがって当然。欲しがらないほうが謎、なのである。

自分なりの言い分はありつつも、私は最近、やっぱり「お金、大好き!」と言える中国人がまぶしい。ここに来てからしょっちゅう耳にする、「あなた年収いくら?」や「給料をあげてください」なんて、私には当分言えそうもない。

「5000元だけど、保険とか差し引いて手取りでやっと月2500元だよ」なんて、友人が答えているのを日常的に見聞きしていると、「お金から自由になりたい」と思うようになった自分がいる。

ＩＫＥＡに行けば中国がわかるかもしれない

瀋陽における観光名所といえば、世界遺産にも登録される故宮、清の初代皇帝ホンタイジが眠る北陵公園、それから日中の歴史を語るうえで欠かせない張作霖&学良の家……。歴史好きにはたまらないスポットの数々。歴史的に紐解けば、ここは日本とのつながりが深すぎる場所であるし、見ておいて損はない観光名所がそれなりにある。

けれど……。本当に中国を理解したいと思うなら、過去の遺産などではなく、今のリアルな中国を体験し、知るべきなのだ。

私が考える、今一番、「ここに来れば、瀋陽という、いや中国というものが体感できる場所」。それは、瀋陽ＩＫＥＡである。

目指すは、ＩＫＥＡのインテリアフロア。

まずはそこに向かってほしい。

見てもらいたいのは、ベッドやソファがそれぞれのテイストに従ってコーディネートされているディスプレイ……ではなく、そこに人が潜り込んでいるディスプレイだ。

あなたは堂々と、人が居座っているリアルなディスプレイを、見たことがあるだろうか。それも、生活感まるだしの。

赤子はベッドで昼寝あるいはお母さんがおむつ替え。じいちゃんばあちゃんは昼寝。カップルも昼寝。ふとんからはみ出す足、添い寝するお母さん、仰向けでいびきをかくおじいちゃんが、ディスプレイに余すことなくいる。しかも、全然隠れていない。

カーテンを開ければいて、ベッドをのぞけば寝ている。みな、ここへ客としてやって来たのか、休みに来たのかはわからない。けれど、純粋に家具を見に来たこちらにしてみれば、どうにもこうにも、集中してインテリアを見られない。だって、ふとんをめくろうとしたら、足がのぞくのだから。

この光景を初めて見たときの衝撃ったらない。

展示しているものというのは、「みんな」と共有するためのものだ。それを、さも自分のもののように占有している。迷惑行為そのもの、厚顔無恥そのもの。歩きながら、私は行き場のない怒りを覚えて、思わず隣にいた夫に言った。

「これ、なんなの」

夫が瀋陽に暮らしていた頃は、ＩＫＥＡなんてなかった。夫がこの光景を目にするのも、ほぼ初めてのことだったにちがいない。

「中国人って、すごいねえ……」

人ごとのようにつぶやく夫。この行き場を失った怒りを彼にぶつけるにはあまりにも不適切であるとわかる。ぶつぶつと文句を言いながら、ああ、ここにもいる。あんなに熟睡している。足がはみ出ている、などとディスプレイより先にいちいち目にはいる人体が、うっとおしく、腹立たしくて、仕方がなかった。


けれど、本当に人って不思議なもの。あまりにも延々とこういう景色が続くと、次第に「慣れ」てくる。フロアを移動するごとに、自然とさっきまでの心のざわざわした感じが静まり、ちと待てよ、と今度は冷静になった自分が思考を始める。

ここには、ディスプレイとは、それなりのマナーをもって扱うべきである、という公共性の意識がまったくない。あるいは、「寝る」という、いかにもプライベートな人間の行動を、これほど、おしげもなく公衆にさらすことができるなんて、少なくとも私にはない行動パターンだ。なおかつ、人体込みのディスプレイを見ているその他大勢のお客さんも、大して気にしている様子もない……。

ひとまわりして、やっと気づくのだ。私は、ここでは〝異邦人〟なのだということに。

自分が圧倒的に少数派なのだということがわかってくると、今度は、自分の道理を押しつけている自分に対する問いへと変わってくる。

なぜ私は、憤慨しているのか。突きつめれば、どうして私は、ここでは寝てはいけないと思っているのだろうか、と。

私たちは同じ人間なのだ。だとしたら、ここで眠れる人と、眠れない人との違いは、何なのだろう……?

初めてＩＫＥＡに行ったときの、あの衝撃。自分が異国にいて、しかも少数派であるという、圧倒的な体験。「価値観の違い」「文化の違い」などといった表面的な解説文だけでは到底、理解も説明もできない光景や感情。

「正しさ」「マナー」といった言葉で刷り込まれてきた私自身の不確かさ、ここでのルール、公共性とはなんなのか、学者にでもならないと一生究明できないような問いが、一気に渦巻いた。


あれから何度となくＩＫＥＡには行くが、休日にもなると、本当にたくさんの人がくつろいでいる。スタッフも、注意する気がない。そもそも、注意することじゃないって、思っているのである。

「中国って、おかしいでしょ（笑）。おわり」って言うのはあまりに簡単で、楽で、子どもにだってできることだ。このとき得た「異邦人」としての自覚は、その後の瀋陽生活の支柱になってくれた。

私が信じてきたもの、正しいと思ってきたものが、一切通用しない。そんな世界に触れ、私は、本当に、相手も私も実は大差ないってことを理解した。

同時に、自分の道理を相手に押しつけ、否定することは、自分を否定し続けることと同じなのだと。

あれから数年が経つ今でも、私は、ＩＫＥＡのインテリアフロアで昼寝しようとは思わない。でも、子どもを遊ばせようとは、思うようになった（笑）。

そういえば、隣の中国人夫も、ここで寝ようとはしない。もしかしたら、がちがちの日本人配偶者をもらってしまって「他人からどう見られるか」を刷り込まれてしまったからかもしれない。

そのうち、中国のストレートな表現方法にも慣れてくると、ディスプレイで寝ようが、なにをしようが、自分が邪魔だと思うなら、「どいて」って言えばいいし、そもそも寝ている人のことなんか気にせず、ふとんをめくりたければめくればいいのだっていう、この国でのルールにも気づき始める。寝ている人たちだって、それをわかってこその行為であると信じたい。まさか、「ちょっと！　邪魔しないで！」なんていうもっとばかな中国人、いないと思うんだけど。

結局、ＩＫＥＡで学んだことは、中国における「公共性」とは何かということだった。そして、私の今のところの結論は、タダで使えるもの！

これ以上の意味は、ないのではないかと推測する。

子育てがしやすい街？

もしかしたら、中国のほうが子育てしやすいのでは？　最近、そんなことを感じるようになった。

街を歩けば、雨で汚水があふれてできたと思われる水たまりや、ハエがたかり異臭の漂う分別されないゴミ捨て場、衛生的な管理運営なんてあったもんじゃない。増えすぎた車は歩道を走るくらいだし、誘拐だって犯罪だって、私がぼんやりしているだけで周りでは頻発しているのかもしれない。

誰もかれも他人を警戒する。子どもとただ歩くだけで危険がいっぱい潜んでいるのだから、と家族や友人はひそひそ話す。そんな今の中国のすべてが、健全とはとても思えない。でも、そんな街中で暮らしていても、やっぱり心があったかくなることがあるのだ。

そのひとつが、そこらへんにいる普通の人が、子どもをかわいがってくれることだった。ただ子連れで歩いているだけで、子どもに向かって話しかけるおばちゃんの、なんと多いことか。子どもが泣けば、「どうしたの、泣かないで」と、私に代わってあやしてくれる。バスに乗り込むと、今度は席譲り合戦。「宝貝《バオベイ》（おじょうちゃん）、こっちへ座りな」と、少し遠くにいる私たちのほうへ手を振りながら、大声出して呼び寄せ、席を空けてくれる。

子どもは宝物。その考えを地で行く大人が、文字通り、子どもを宝物のように扱う国なのだ。

「子育てしやすいかも？」と思った要因のひとつには、実はトイレ事情もある。もちろん、公衆トイレは各所にあるけれど、お世辞にも「清潔」とは決して言えないし、商業ビルに入っているトイレだって、ベビーベッド、休憩室なんて望むべくもない。

だけど、事足りてしまうのはなぜだろう？　ひとつには、子どもの排泄などは、そのへんでやってのけられるからだ。塗装された道路のわきには、土がむき出しになっている路肩や草むらがけっこうある。そこでさせても悪臭がしないのも助長しているのだろうが、いいとか悪いとか言うだけでは「子どもの排泄」は判断できない。

先日、娘と出かけていていきなり「おしっこ」というものだから、あわててトイレを探したが見つからない。あげく、通り過ぎる人に公衆トイレはどこかと聞いたら、「子どもなんだから、その辺でさせればいいじゃない」と返されてしまった。ま、その辺でさせましたけどね。

言うまでもなく、日本のほうが美しいし、清潔だし、安全だし、快適。そのレベルの高さは、世界随一。だけど、子どもがいるって、ピカピカな環境で生きていくってことだけでは、すまない。乳幼児になれば、食べこぼすしどこでもいつでも排泄するし、同じように汚れてなんぼのお友達たちと、べたべた接触しながら生きていかなければならないのだ。無菌でなど、生きてはいけない。

たとえおしっこやうんちが、公衆の面前であったとしても、「子どもってそういうもんでしょ」と圧倒的に、受け入れられている。そのことが、どれほど、ひとりのお母さんの心を和ませてくれたか！　それは、声を大にして言いたい。

子どもが泣いても、わめいても、どこで漏らしても、周囲の大人が顔をしかめることなどない。視線はあっても、泣いている子どもに、それ以上のことを求めたりなどしない。母親となって、こんなにあっけらかんとした開放感、味わったことあったっけ！

――泣きたいなら泣かせておけばいいし、おしっこしたいならその辺でどうぞ。

ふとしたときに、移動中に、買い物中に、街中の人からそういうメッセージを受けるようになって、なんだ、子育てってずいぶんシンプルなことだったんだな、と今更のように思った。

裏を返せば、なぜ日本で暮らしていたとき、そう感じることができなかったのか。

電車に乗るとき、「泣いたらどうしよう」とびくびくしながらベビーカーを押していた、あの緊張感。子どもが熱を出したらどうしよう、ここでおもらししちゃったらどうしよう——。起こってもいない幻想にとらわれ、常に自分の首を絞めるような不安にかられていた、あの時間はなんだったんだろう。実際、子どもと笑いながら話していただけで、「うるさい」と注意された平日の新幹線のことを思い出すと、今でもぞっとする。

でも、私も同罪なのだ。それが地下鉄であっても、バスであっても、泣き始めた子どもと一緒に電車に乗り続けることは犯罪に近いと思ったし、子どもが熱を出すのは周りに迷惑をかけることだと思っていた。それがマナーだと信じきっていた。そして、それを同じようなお母さんに求めて、したり顔をしていたのだ。

近頃では、地下鉄の駅のゴミ箱だの公道だのに排泄させる親のマナーが敵視され、非難の的になるニュースも多い。そりゃあさすがに、病院に行った時、待合室のゴミ箱に向かって子どもにおしっこさせる母親をこの目で見たときは閉口してしまった。

だけど、これは、マナーというより情報の問題なのだと思う。病院のポリバケツにおしっこをさせるとどうなるか、という知識も想像力も欠けている。そして、明らかに、子どもを抱っこする母親の顔つきは、都市生活を送っている人ではなかった。

そのうち、公衆の面前でおしっこをする子どもなど、いなくなるだろう。経済発展とともに、衛生意識も格段に高まりつつある中国。だけど……。

この街にある子どもに対する大陸的な包容力。それだけは、ぜひとも失ってほしくない。確かに、ここにマナーという概念は絶対的に足りない。でも、子どもを受け入れる度量は、半端なく大きい。

「手伝って」の意味する範囲

夫と話していて、たいてい「ずうずうしい」と感じるとき。

それは、「手伝って」と言ってくるときだ。

手伝うって、「そこの携帯取って」、みたいなことではない。その場限りの頼みごとのように夫はさらりと言うが、私からすると、ブラックホールに飲み込まれそうな気持ちにさえなる。

たとえば、夫が「仕事を探すの手伝って」と言ったとする。これは、インターネットで情報を拾ってきたり、求人雑誌を買ってくるのとはわけが違う。つまり、私の知人、友人、家族らのつてを借りて、自分に仕事を探して与えてほしい、という意味である。

だれだって、「自分で探せ！」と言いたくなるところだけれど、そのうえで報酬や勤務条件などもチェックするんだから、我が夫の厚かましさたるや次元が違う。

日本にいるときから、彼はなんだって平気な顔して頼んでくるふしがあり、あげく泥沼のような言い争いが時折起こることがあった。

すべての中国人がそうであるとは思わないが、「お願いする」あるいは「協力する」の意味あいが、こちらが意図したものとはかけ離れてスゴかったりする傾向は、多々ある。

その上、私の場合には、「家族」という枠組みがつく。中国人夫としては、家族なんだからそのくらいのこととしても当然、という文脈がどうもあるようなのだ。家族なんだから、他人ではないのだから、そのくらいのことできるでしょう、という暗黙の了解。

しかし、私にしたら真逆である。家族なんだから私の人間関係の中にそんなことを理由に入り込んで、もし問題があったりしたらそれこそ全部台無しだ、と思うではないか。家族なんだから、慎重に人間関係に関わってほしいという気持ちがある。まさに、内と外。一周回って同じことを言っているような気もするのだが、どうなんだろう。

もちろん、私は「家族なんだから」を理由に夫のお願いを受け入れたことはない。些細な用事レベルではなくて、仕事だったり、人の紹介だったり、何かしら私が築き上げた人間関係に関わってくることであれば、である。

そして、夫はそれを「とても冷たい」と感じている。「なんにも手伝ってくれない」と言う。

瀋陽に来てから一度だけ、夫の仕事探しを手伝ったことがある（これを手伝うというなら、その意味でのことであるが）。

瀋陽で知り合った、素敵な日本人ご夫婦がいて、世代もほぼ同じでとても親しくさせていただいていた。ご主人は中国語を使ってばりばり働いていらっしゃる方で、中国に対してもとても大らかな理解とコミュニケーション能力をお持ちだった。

当時、無職だった夫は、彼らと知り合って早速私に「仕事探すの手伝って」と頼んできた。もちろん、何の悪気もなく、彼らのつてを借りてほしい、というわけである。

ああまた得意技が来たよ、と思った。が、しかし、夫も必死である。知り合ったばかりの彼らを、こちらの事情に巻き込むのは申し訳ない気がしたが、私にしたってこのままずっと喧嘩が続くのもつらい。意を決して、彼らに相談してみることにした。

「日系企業に、日本語が話せる中国人の空き、ありませんかねえ」

瀋陽で働く日本人は、やさしかった。私なんかより、断然日本人同士のつながりや日系企業との連携があり、また有能だった。とはいえ、まだ知り合ったばかり。いきなり私情をさらけ出してお願いごとまでするなんて、ちょっとありえない展開ではあったが、かえって感謝の気持ちが強くなり、また連帯感が自然と生まれてくるような気がした。

結果的に、紹介してもらった企業への就職はかなわなかった。しかし、おかげでその後も瀋陽滞在中は彼らとの親交を深めることができたし、「手伝って」は思わぬところで力を発揮する言葉だったのだな、と身にしみて感じた。

さて、とにもかくにもそのご夫婦に、結果のご報告とお礼をせねば。

「日本人にどうやってお礼を伝えたらいいの」

こういうときに限って、夫はなぜかもごもごしている。自分の日本語に自信がないから か、電話したほうがいいのか、メールしたほうがいいのかと迷っている様子。まさか、お礼を言うのを手伝って、と言うのではあるまいな!?

緊張しながら電話を握っていたが、これが中国人のお友達だったら、「イーチーツーファン（ごはん食べに行こう！）」になるんだろうなと傍らで見ていて思った。

中国には、「人にものを頼む」ことで、人間関係を推し量るようなところが確かにある。あるいは、お願いするかしないかで、その人との今後の人間関係を作っていきたいかどうかを図るというか。言葉だけでは足りないのだ。行動で示すなにか、身を削るなにかを差し出さないと、信用に値しないということなのかもしれない。そうやってまっすぐに、

「私たちは仲良くやって行けますね？」とお互いが確認しあっているようなところがある気がする。

とはいえ、私はいまだに夫から「手伝って」と言われるとビクッとする。返事をするのも嫌なくらい、気が重くなる。だって、「テレビのリモコンとって」じゃないわけだから。

夫は現在、自分で事業を起こし、自力でがんばっているのだが、相も変わらず、私に「手伝って」と言ってくる。

「契約書を作ってほしい」「日本で会社を作って、瀋陽とやりとりしてほしい」「日本のメーカーから代理販売権契約をとってきて」「営業してよ」……。

ちょっと、それって、私が一体何者だからお願いしているんですか？　最近になっても「手伝って」のレベルがぜんぜん下がらないのも謎である。

うんざりするので、仕事に関してはもう本当に耳をふさいで、関わらないようにしている。「冷たい」と思われようと、「役に立たない」と思われようと、仕事については中国人のルールだけで突っ走ってほしい、と思うのだけど、そうはいかないのが日系企業のみなさんだったりするんでしょうね。

物乞いにも稼ぎ時がある

中街といえば、瀋陽随一の繁華街。目抜き通りには、日系デパートや高級百貨店が軒を連ね、おしゃれな若者たちがデートするのに最高の、東京でいえば、渋谷、新宿あたりのにぎわいを見せる場所である。

その中街を、買い物がてら歩いていたときのことだ。

歩行者天国となっているメインストリートのちょうど中央あたりに、うす汚れた母子が座っているのが見えた。

母親はすすけた服をまとって座り、そのそばで、子どもと思われる女の子が同じようないでたちで寄り添っている。ふたりとも、もう何年も風呂に入っていないような様子で、髪はほつれ、服はぼろぼろだったのだが、4、5歳とみられる娘が、母親の周りでぴょこぴょこと動きまわっているのが、なんとなくかわいく見える。

「物乞いの親子だ」と思ったのもつかの間、母親がまとっているものが汚れた服ではなくて、一枚布に穴をあけて、着衣の上からそれをかぶっていることに気づいた。しかも、その布に経文のような文字がびっしりと書きつけられている。

あたりの華やかな雰囲気とはあまりにもかけはなれた親子に目を奪われ、思わず立ち止まる。そこに書かれていたのは、ざっとこんな内容のことだった。

「この娘を30万元で売ります。夫は交通事故で早くに亡くなり、私は重い病気にかかっています。私には、この子を育ててやることができません。どうか助けてください」

せっかく日系デパートに食パンを買いに行こうと浮かれていたのに、すっかり気持ちが沈んでしまう。私は、財布をにぎりしめ、しばらく自問自答した。「この100元を渡すべきか、渡さざるべきか……」

結局、渡さなかった。勇気が出なかった。母親から離れすぎない程度にちょこちょこと歩く子どもに、微笑んで、立ち去ってしまったのだ。

ところが、その後しばらく、この母子を何度となく繁華街で見かけることになった。ときには中街で、あるいは太原街で。母子は決まって、繁華街であの呪文のような文句が書かれたぼろ布を纏い、カラ箱をおいて、地面に座り続けている。
あたりを見回すが、おしゃれに夢中な若者は足早に通り過ぎるだけ。1元や2元の寄付さえもしようとしない。あまりの格差に、言葉を失う。

けれどそのうち、私も彼らの一員になった。

初めて母子を見たときの衝撃は薄れ、やがて「ああ、移動できるのだな」という理解が、彼らへの同情を蹴散らしていく。そのうち、「またいるよ。なんだ元気そうじゃん」になり、「ああ、はいはい」に変わるまで、ぜんぜん時間がかからなかった。

「ほっとけばいい。相手にしなくていいんだよ」

とは夫の言葉であるが、瀋陽には、まだ物乞いという職業の人たちが、以前ほどではないがいて、そのようにして日銭を稼いでいる。彼には、そう映るらしい。

この母子を見かけたときは、まだ瀋陽歴半年といったところだったから、衝撃も大きかったのだが、そのうち、ここには物乞いがいるということだけではなく、「物乞いには稼ぎ時がある」ことを知ってから、ますます素通りできるようになってきた。

あれは、一種の商売なのだ。そう思うと、こちらも不用意に買い物へのテンションを下げられることもない。

物乞いにも、いろいろなタイプがある。自身の病を紙やたすきに書きつけて訴える人、家族の闘病や、不法な逮捕を助けてほしいと訴える人のほか、多いのはやはり、身体に不自由がある人だ。目が見えなかったり、口がきけなかったりする人でも、物乞いしていることがあるが、繁華街でよく見かけるのは、身体に障害のある人たちが、それをさらけ出して立っている、というスタイルのものだ。

そのうえで完全に「情に訴える演出」をする。〝かわいそう〟な人が、〝かわいそう〟な説明文をかかげ、それを盛り上げる音楽をかけるのが、一般的。どことなく、悲劇的な舞台を演じている役者のようでもある。

そしてまた、物乞いが増えるのは、夏の夜市や繁華街といった、人の多く集まるところ。それも、国民の休日だったり、イベントだったり、一極集中して人が増える時期になると、物乞いも増える。メインストリートにずらりと並ぶのだから、ある意味壮観である。

「ああいう人たちには、必ず元締めがいてね。わざと体を不自由にしたりして、ああやってお金を稼がせるんだよ。そして、そのほとんどが当人に残らない」。そんなまことしやかなことを中国人の友人は言うが、もちろん本当のところはわからない。

「俺は物乞いが嫌い。あんなふうに立っていられるんだったら、自分の体使って、ゴミでも拾って売ればいいじゃないか」

夫は、私があたふたしているそばで、手を引っ張り「気にするな」といさめる。物乞いという〝職業〟を一番嫌っている。

貧乏が苦しいなら、抜け出す方法を考えろよ、と、まるで自分に言い聞かせるかのように。一方で、片腕のないおじさんが、繁華街で梨を売って行商していたのを見つけたときは、4、5個買ってうれしそうにこう言った。「腕がなくたって、できることはあるでしょう」


そしてまた、時間が経ってみれば、物乞いがどこからともなく現れ、また姿を消していく、一種のサイクルのようなものがあることに気づくのだ。みな、「稼ぎ時」を知っている。うぶな観光客や外国人が集まりやすい時期を。

この変化に気づいてからは、母子を見かけると、「元気そうでよかった」と思うようになった。この母子にも、元締めがいるのかもしれないし、本当はもっともっと緊迫した状況なのかもしれない。でも、少なくとも子どもは今、母親と一緒でうれしそうだし、このまま誰からも助けの手が述べられないことを悟る日が来ることのほうが、彼らにとって幸せかもしれないと、余計なことを考えたりする。もとより、私などよりずいぶんしたたかに、強く生きているのかもしれないな、と思う。

結局、何もしないで通り過ぎる日々が過ぎて、一年も経つ頃、彼女たちの姿を見かけなくなった。またどこか違う都市へ移動したのかもしれないし、もう座ってもいられないほど大変なことが起こったのかもしれない。

その場限りの１００元が、彼らにとって何の役にも立たなかっただろうと、ただそのことだけに気づかされる。

友人が昨日新車を買ってきた理由

「娘の塾の送り迎えが大変だから、昨日車を買ってきたの。フォードの新車よ。え？ 値段？ 19万元だったかな」

彼女はさらりとこう言った。中国の経済力たるや、権力者でも会社経営者でもない一個人にまで及んでいることを、実感する。

マンション区内で小さなカフェを営みながら会社勤めもするパワフルなシングルマザーの彼女。英語が得意だという娘のために、ネイティブが指導をしてくれる有名な語学塾に通い始めるのだそう。9月の小学校入学を控え、少しでも学力を伸ばしておきたい狙いであろう。しかも、である。

「小学校はどこにしようか迷っているの。うちのすぐそばに小学校があるでしょう。そこなら送り迎えが楽だし便利なんだけど……ちょっとねえ。それに娘の戸籍はフンナン区にあるの。だからフンナンの小学校に通わせてもいいかなって」

フンナンといえば瀋陽における振興住宅地かつ、新規開発エリア。市政府の移転に伴って発展する真新しい街なので、暮らしの利便性はまだ高くないが、進学校の東北育才学校ほか、国際レベルの設備とカリキュラムをもった国内屈指の幼稚園や小学校が次々に開校している。

「そりゃあ、フンナンのほうが安心だわね」と、私も思わず口走ってしまった。

私たちが住んでいるユーホン区というのは、かつて白菜やとうもろこし畑があった所に、鉄鋼工場などが移転して広がったまさに開発区。車で一時間も走れば、立派な農村に辿りつく、瀋陽の端にあるエリアだ。よって、マンションの値段も安く、食材も安く手に入るかわりに、市内中心部に比べれば、どことなく住んでいる人たちに華がない。おしゃれや化粧など知らないおばさんたちや、日焼けしたおじさんたちが、ごちゃまぜになって暮らしているこの町の教育レベルが、中心部に比べてどうかなんて、火を見るより明らかなのである。

「ここで小学校に入れるより、フンナンのほうがいいよ。うちだって、もし瀋陽で小学校入れるなら、ここはだめだよ。ユーホンの小学校に入ったら、一生そのままだよ」

この話をした夫の反応は、いかにも中国的で、「こんなレベルの低い学校にやらせられない」という意味では、友人の意見と一致する。確かに誰だって優雅で豊かなライフスタイルを謳歌したいのであって、わざわざこんな田舎で熱血先生をする人がいたら、それこそ「最美」(道徳的に優れた人)といわれて表彰されてしまいそう。

中国とは格差社会だとよく言われるが、それはもしかしたらお金や財産のたぐいではないのかもしれないと思う。圧倒的に得られる知識や情報、人脈の質や量が違うのだ。ブランド校に行けば充実した教育を受けられるのか、あるいは、設備が整っていれば教育のレベルが伴うのか。確実な情報に到達するには、ある意味コネと人脈がものをいうのであり、それを持たない限り、そこそこのものしか手に入らない。今や誰だって真新しい豪華マンションに暮らすことはできるが、重要な情報を取捨選択できるかどうかには、やはり大きな、悲しいほどの壁が存在する。

日本にいれば「どこだっていい」でよかった。でも、ここではそうもいかない。どうしたって、「格差」が付きまとう。そんな価値観で暮らしていると、この社会で生きていく上での選択ひとつひとつが、ずっしりとした重みを持って迫ってくる。

後日、彼女にぴかぴかのフォードを見せてもらった。小型だが、流行に敏感な彼女のことだけあって、彼女にぴったりで、すてきだった。

「結局、英語塾は遠いからやめたのよ。送り迎え、大変だからね。でも、9月からはやっぱりフンナンの小学校に行かせることにしたわ。ここからだと車で送迎するにも往復1時間かかるから、フンナンにマンションを借りたの。1300元のワンルームよ。平日は向こうにいるから、コーヒー店を開けるのは週末だけになりそう」

その行動力と財力にあらためて感心するほかない。子どもの未来のためなら、新車をあつらえるし、最善の学校を選ぶし、マンションも借りる。そうしないと、ここでは「いい暮らし」「娘の将来」が約束できない。

私は、行きつけのコーヒー店に行きにくくなることを残念に思いながら、「でもそのほうがいいかもね。ニニちゃんはとっても賢いからだいじょうぶよ。将来が楽しみだね」と言うと、「うふふ。娘は私の未来だからね。私ががんばらないと！」と、一瞬きらりと輝いたように見えた笑顔は、どこまでも明るく、誇らしげ。「親」の責任感も、海を隔てればこんなに違うものなのか、と思わずにはいられない。

実家のリフォームにみる人間関係

いつもの実家に入ると、もうそこはただのがれきの山と化していた。コンクリートがはがれ、中から赤い煉瓦がのぞいている。

実家のリフォームが始まったのだ！

「リフォームしたいリフォームしたい」と義母が念仏のように唱えていたのが、ようやく実現する。見た目も中身も限界に近い汚れ様だったこの部屋ともお別れだ。爽快感とともに、そのことに一抹のさみしさを抱いたりしないのかなと辺りをうかがってみるが、「これでもし、部屋を片付けなかったらリフォームしても意味ないけどね」「あんな古い部屋、掃除したって意味がないでしょう。新しい部屋になったら毎日ぴかぴかにするよ」と、未練も名残も一切ない会話が繰り広げられている。

7月下旬、知り合いの内装業者を呼び、打ち合わせが始まった。

こういうときモノを言うのが人脈。知らない業者に頼むほど、中国社会は他人を信用していない。

「この壁をとったら、キッチンが少し広くなる。シャワー室は、そうだなあ……」

最初にやってきたこの業者さんは、義姉の夫の知り合いで、まさに内装業者だった。ところが、彼を見たのは、この初日が最後。彼は、ひととおりの段取りを話したあと、いつのまにかいなくなった。

「だめだめだ、ここはそんなふうにしちゃあ」。数日前、この内装業者の意見をもとに、あれこれ資材を調達したり、道具をそろえたりしているところへ、叔父さん（義母の姉の夫）が飛んできたのだ。

この寸法は間違っているだの、もっと安い解体工を知っているだの、最後には、「もういい、俺がやる」と言いだし、自分が持っている道具を持ち込み、採寸し始めたが最後、「親戚」という人脈における最強カードを出され、彼は退散させられてしまった。

叔父さんは、内装、水まわり工事、配電、解体を請け負う農民工だった。若いころからどんな過酷な現場も経験があり、まさにそのあとに続く塗装工、タイル張り業者などともつながりがある。「お金はいらないから」という一言に押されて、業者を排除する方向に、あっけなく義母が了承してしまったのだ。

夫は、この選択肢には憤慨しきり。

「親戚づきあいが一番面倒なの、知っているくせに！　親戚だからって、お金を渡さないわけにいかないじゃないか！」

そして、それは実際そのとおりで、おじさんが手掛けた工事は、解体、セメント塗り、排水、配電工事など多岐に渡ったが、70歳近い体でやるにしては大変な労働である。だから、というわけでもないのだろうが、そのどれもが雑なのである。「どうせ見えないところだから」「親戚の家だし」という言い訳をしながら進めるので、まったく「仕事」になっていない。

ガスの取り付け口がずれているのを夫が見かねて、「これは直してほしい」というと、「こんなもの、どうせ戸棚を置けば見えなくなるんだから、いいじゃないか！」と言い返す。年長者である頑固者のおじさんに、夫がそこまで強くやり直し命令などできない。そのうえ少し関係の遠い親戚なので、やり直し含めておじさんにタダ働きさせるわけにはいかない。

どうしても我慢ならないところだけ応じてもらって、あとは自分たちで直すなどして折り合いをつけることにした。

「まったく、最初からあの内装業者にお願いすればよかったんだ……！」と夫はずっとぶつぶつ言い続けていた。

そんな苦い体験もあるが、中国の内装というのは、一度やってみると面白いところもある。

そもそも中国でマンションを買うとは、水周りの配管、電気の配線などで穴が空いているにすぎない石の箱を買うだけのもの。床や壁、照明器具などの内装は、自分の好きなように選び、取り付けていくという、ＤＩＹみたいな購入のことをいう。

この実家のリフォーム体験も、ある意味、部屋を一度リセットして（ハンマーでコンクリートをぶちぬき）、それからいろんなものを取り付けていく作業を意味した。

60平米ほどの小さな石の部屋に、新しく必要だったのは、玄関の扉、室内扉、暖房器具、タイル、キッチン、シャワー室の扉、トイレ、洗面器具。今どきの新婚夫婦なら、ＩＫＥＡへ行って一括で注文してしまえるが、それでも「高い」と言い張ってきかない義母は、街中にちらばる専門の市場へ行っては、買い付け、配送してもらうのだ。タイル問屋街、トイレ洗面器具を扱う卸問屋街。一カ所にまとまっててくれりゃあいいのに、いちいち街はずれから街はずれへ移動して、買い付けていく。

労力とデザイン性を考えたら、ＩＫＥＡで十分では？　と思うのだが、結局は市場のほうが安い。気が合えば店主と値段の交渉もできるし、それに、けっこうデザインに優れたいいものも、増えているように思えた。

ＤＩＹが得意な人は、それぞれの市場で、自分の好きなデザインを、しかも値切り交渉含めて楽しめるのだから、やりがいあるだろう。けれど、私のように、値切りの場面で思いきったことができない人間には、ただ、エネルギーを吸い取られていくだけの時間と空間である。

一度、トイレを買うときに夫が見せた鬼のような値切りには、いたたまれなくなった。定価８００元だという水洗トイレに、部品を数種類つけて、占めて４００元を置いてこういうのだ。

「これで持っていくから。今日の3時に無料配送して」

たまりかねた女店主が

「これじゃあ、売上があったもんじゃない。配送なんてできないよ。自分で持っていきな」とごねる。まったくひるむ様子のない夫は、こう言った。

「この家の家主、いるだろう。あれ、おれの叔父さんの親友なんだ。なんなら彼に来てもらうよ」

「ええ！　そうなの。わかったわかったよ」


大家とは、このエリアで幅を聞かせている不動産持ち。家賃などの融通がきくとあって、夫はまるで、組をちらつかせるチンピラのようにふるまっている。瀋陽に戻って来たばかりのうぶだった夫が、すでに中国人の血を目覚めさせていることに驚かされる。

それにしても、おばさんにしたらあまりにも理不尽では。

「あんな値段で買わなくてもいいじゃない。なんかかわいそう」

「そんなことないよ。じゃあ、なんで400元でOK出すんだよ。OKしたってことは、それでも売上があるってことだろう？　最初の値段はなんなんだってことだよ」

中国人って、どこいってもタフ。私がここでリフォームしようと思ったら、ものすごいやつれそうな気がしてきた。だって、新しい物品の購入や取り付けが行われるたびに、さまざまな交渉がつきまとうわけだから。

そのせいか、夏が終わろうという頃になっても、内装はちっとも進まなかった。なるほ

ど、こうやって工期は遅れていくのね。ようやく「部屋」としての体裁を整え始めたのは、
結婚式を間近に控えた秋口のことだった。

第5章　わたしが瀋陽で結婚式をあげた理由

遼寧賓館のこと

「瀋陽で、結婚式をしようかなーと思ってるんだよね」

一時帰国中の日本で、そんな話を親友のなみちゃんに漏らしたところ、瀋陽に戻ってすぐこんなメッセージが飛んできた。

「結婚式の日取りが決まったら教えてー。そろそろ夏休みの計画を立てなきゃ☆」

リア充なOLっぷりがうかがえて、思わずひるむ。どうやら、なみちゃんが、本気で来てくれるらしい……。

できたらいいなあ、くらいに思っていた結婚式が現実のものになったのは、なみちゃんからのこのメッセージのおかげだ。

なみちゃんのためにも結婚式をしなければ！

10年前、私たちはふたりだけで入籍をした。私の両親は結婚に大反対だった。そのため、一時期疎遠となった両親にかわって、東京の片隅で友人や知人が祝福してくれた。新居だの、両家のつきあいだのといった、ザ・結婚からは遠すぎる生活。いつかは、親を呼んで結婚式ができるのかな……。と想像してみるものの、絶縁状態は2年ほど続き、ほぼ絶望的になっていたころに、娘が生まれたのである。

娘の存在は、私たちのあらゆることを変えてくれた。いろんな意味で勇気が出たし、もうこの世界はふたりだけではなくなったし、おかげで両親にも連絡を取るチャンスを与えてくれた。

結婚に、決して「普通の」「一般的な」「ありがちな」ものなどない。少なくとも私たちは、どこか周辺に波風を立てながら日中国際結婚を選び、そして10年経った。

少しずつ時間が物事を動かし、価値観を変えていくのを感じ、「結婚式がしたい」と素直に言えるようになったのは、お互いのなかに、「もうそろそろいいだろう……」というような雪解けを感じつつあることも大きかった。

瀋陽駅から北に延びる中山路をたどると、かつて浪速通りとも呼ばれたこの通りの両脇に、古い洋風建築が並ぶ。旧満州時代の、日本人が建てた建築物だ。

いまでも個人商店や招待所などに現役で利用されているが、かつてここを日本人が闊歩し、にぎわいを見せていたとは、にわかには信じられない。

その中に、ひときわ存在感を放つ建物がある。現遼寧賓館、旧大和ホテル。

1929年にオープンした大和ホテルは、かつて南満州鉄道が経営管理していた高級ホテルブランドのひとつ。大連、旅順などにもつくられ、瀋陽のそれは中でも格式が高い。李香蘭がデビュー前に初舞台をふんだホールをはじめ、毛沢東、周恩来、数々の要人が宿泊リストに名を連ね、いまや瀋陽の歴史的建築物、文化財に指定されている。

大和ホテルの、ひやりとした館内の空気がたまらないのだ。玄関口のステンドグラスが輝く手動の回転ドア、黒光りするらせん階段は小さいながらも美しいスロープでほれぼれしたし、エレベーターホールやロビーの静かさは、外界の喧噪やストレスを一気に吹き飛ばしてくれる、時空を超えた存在感があった。

結婚式をするなら大和ホテルがいい。外資系の超有名ホテルよりも、どんなにおいしいと評判の老舗レストランよりも、大和ホテルがいい。

夫にその意思を伝えると、すぐに車を走らせて会場へと向かってくれた。

「小ホールなら空いています。どのくらいお客さんがいらっしゃる予定ですか？」

瀋陽人にはあるまじき、スマートな接客に驚かされる、式場マネージャーの高さん。落ち着いた口調で、物腰やわらか。時折笑顔も交えながら対応してくれるうえ、説明や判断に無駄がない。いかにも仕事のできる敏腕プロデューサーは、こちらが大ホールをうっとり眺めているのを知ってか知らずか

「大ホールはもう一年前から予約でいっぱいなんですよ。小ホールなら、いつでも予約できますから、お客さまの人数、当日の内容が決まったら、また来てください。そのときに頭金をお支払いいただいて、予約完了です」

小ホールは、大ホールを間にはさんで左右にあった。ひとつは西洋風の白を基調にしたこぎれいな空間。もうひとつは、赤をベースにした中華風のインテリア。普段は、大きめの会議などにも使用されているという。

「もし、ここでの結婚式を見てみたかったら、この週末にも入っているから、いつでもどうぞ」

スマートに説明を続ける高さんを前に、夫はずかずかと、

「一度、見にこよう。その結婚式で、ご飯食べてもわからないからね」と言うので、のけ

ぞってしまう。

ちょっとちょっと、それは私たちの間でこそこそ言うならいいけど、式場マネージャーの前で堂々と宣言するこたあないじゃないの、と突っ込もうとすると、「たしかに、座っていてもわからないですからね」と高さんまでもが笑顔。いくらなんでも、他人の結婚式の食事を知らない人たちといただくなんて……、と思ってみたりしたその翌週、それが実際に可能であることを知った。

こっそり忍び込んだ大ホールの、呼ばれてもいない結婚式にシレッとまぎれ込むことなどいかにも簡単で、どっからどこまでが招待客かなんて誰にも判別できないようだった。

さすがに、食事をいただくなどは良心が許さなかったけれど、だだっぴろい空間の端にある丸テーブルに座って、どこの誰だか知らない新郎新婦を眺めていると、じわじわと「中国で結婚式をするのだ」という決意も固まっていく。

そうして、親友なみちゃんはじめ、マネージャー高さん、大和ホテルの気品に導かれるように、私たちは、とうとう結婚10年目の結婚式へと動き出したわけである。

結婚式を見学してみた

自分たちの結婚式を計画してみたとたん、面白いことに友人知人の結婚式のお知らせが三つも入った。

ひとつは、夫の幼なじみ、もうひとつは夫の仕事関係者、もうひとつは親せきの、である。これはいい、と早速すべての結婚式に参加することにした。

そうして私なりに学んだ中国の結婚式というのは、こうだ。専門の式場というものはなく、ほとんどがホテルやレストランが会場。新郎新婦の入場、指輪交換、ブーケトスなど含め、儀式はあるが占めて30分程度。それが終われば、延々と食事が続く。あっさりしているような、それでいてとっても儀式的であるような、「やる気あんのか?」と思わせてくれるような、実に形式的な結婚式が多かった。

中国の結婚式というイベントを、私なりに観察、考察してみると、こうなる。

1. 司会者選びは大切
2. 結婚式＝盛大な飲み会と思うこと
3. お祝儀という名の集金

まず司会者。結婚式には、だいたい式を盛り上げるための司会者がいる。新郎新婦の紹介、両親への花束、ブーケトス、日本の結婚式にもよくある儀式が行われるとき、この司会者のしゃべりが、会場の雰囲気を大いに左右する。

日本人司会者のように、式次第を読み上げたり、出すぎたりしない質素なものではない。イベントの流れに沿ってときに会場を笑わせたり、感動の場面では声を荒げ、大袈裟すぎるほどに演出する。

司会者の重要性を認識したのは、夫の友人の結婚式で行われた、両親への花束贈呈のときだ。

会がスタートしてから司会者がしゃべり倒していることに、こちらが閉口しそうになっているとき、やっと花束贈呈へ。新郎新婦は言われるがままに花束を持ったままじっとしているが、たたみかけるように司会者がしゃべる。そう、こんな具合に。

「さあ、新郎新婦とそのご家族のみなさま、どうか肩を抱き合ってください。新しい家族の門出を祝いましょう。みなさん、どうですか。この幸せな家族を見てください。これほど感動的なシーンがあるでしょうか！　盛大な拍手をお送りください!!」

と、顎を突き上げて天に向かって絶叫する司会者に促されるように、両家の家族が円陣を組むように肩を抱き合って丸くなっている。

ぱち、ぱち……ぱち……ぱちぱちぱち。会場のみなさまもこの「感動」場面を無視するわけにもいかず、かといって、関係の薄い人たちも集う式だ。「しらじらしい」とどのくらいの人が思っているかは不明である。

「司会者って、大事なのね」。思わず隣の夫につぶやく。

ただでさえ、「自分中心」に生きている中国人が、友人知人の結婚式に来たからといって、会場の指示や指図に従うはずがない。そういうとき、話術もあり、進行もしてくれる司会者の強いリーダーシップが、会場での羅針盤となるのだった。そうでもなければ、集まった人たちと、ただごはんをがちゃがちゃ言わせながら囲み、お酒を飲む以外にすることがない。
自分たちの式を想像してみて、ちょっと不安になる。

ふたつめ、「盛大な飲み会」という言い方が正しいかどうかはいろいろあるだろうが、これこそが結婚式に参列する人へのメンツを保つ大切な要素。ご飯をみなで食べることほど、この国で大切にされているものはない。

それを改めて実感することになったのは、夫の仕事関係者の結婚式に参加したとき。会場のだれもが他人という超アウェイ状態で、知らない人と円卓をともにすることになったときのことだ。

すべての儀式が終わり、スタッフがステージセットや照明を片付けていく。食べている席の横で片付けが行われることに頓着する中国人はひとりもいないのもまた、面白いところなのだが、その会場での食事は、周りの雑音や振動を忘れさせるほどに「おいしくて箸が進む」料理だったのだ。

野菜料理は絶妙に歯ごたえがのこっているし、揚げものも出来立てで衣がまったくしなびていない。メインの肉料理には、ほどけるほどに柔らかく煮込まれた鶏肉や、芳ばしい香りを放つ豚の燻製……。

おいしい料理を出す結婚式ってあるのだ……と、数々の惣菜みたいな食事を経験してきた身としては感慨深く思った。

料理のおいしさ（おいしさだけではなく量も）にこだわってくれると、参加する側もむくわれる。お祝儀のもとが取れてよかったと素直にそう思える。

こんな基本的な心のやりとりが、それまでに参加したことのある結婚式にまるでなかったことを痛感する。参列者へのケア、サービスなどなく、ごはんは、安かろう悪かろう、それでもってお祝儀は全部もっていく、というやりきれなさ。結婚式する必要あるわけ？と言いたくなる。

「おいしい料理を選ぶことも大事だな」と、私は強く思った。

ここまでくれば想像がつくとおり、現代中国の結婚式というのは、形式の要素がとても大きい。そこに、当人同士の強い思いや気持があったとしても、最後には、ステージセットを片付けられながら進行する会食だ。けれど、これに慣れると、結局は片付けるんだから、何をやっても同じでしょ？　という中国人の声のほうが、よっぽど正直に響いてくる。

その極めつけが、３つめの、お祝儀なのだ。

食事が始まってしばらくすると、新郎新婦がたばこを持って、各テーブルを回る。これこそ、中国では外せない儀式。日本のように、受付前や家族に手渡されるお祝儀ではなく、当の本人へ、直接手渡されるのが中国のお祝儀である。

お礼としてたばこに火をつけて回りながら、それと交換にお祝儀をもらっていく。そして、そこにかける時間というものが、その他のイベントなどよりもずっと長い。客が多ければ多いほど、回るテーブルも多くなり、その分お祝儀も増える。

つまり、結婚式というのは、「お祝儀をもらう」ということがメインイベントであるに違いないのだ。おいしいごはんを用意しました、ぜひ楽しんでください、というおもてなしの気持ちよりは、結婚式にいらっしゃるならお祝儀をください、という意味がより強いのだということに、３つの結婚式に参加してようやく、思いいたる。

夫は、仕事仲間であったこの友人に、５００元を渡した。幼なじみの結婚式では、「俺の結婚式を手伝ってほしいからお祝儀もいらない」といって、金銭のやりとりを断った。金銭のやりとりを行うことで、信頼しあえる人間関係をより潤滑に回していく中国社会において、結局、お祝儀こそ、結婚式におけるもっとも重要な要素であり、これこそが中国における結婚式の〈内容〉なのである、と認識した今、はて、私たちは……？
「この年だし、結婚を祝いたいというより、参列してくださる皆様に、感謝の気持ちを伝えたい」と思うのだが、中国式で思いっきり「お祝儀ください」というのもなんかずれる気がする。かといって、「支えてくださってありがとうございます」ばかりが前面に出ては、「結局はお金をもらう演出だろう？」と言われるのが関の山ではないだろうか。

３つの結婚式を終えて、私はすっかりうろたえた。結婚式の意味すら見失いそうになるほど、日中の間に大きな溝が横たわっているというのに、日中の来客を呼んで、日中国際結婚の式を実行しようとしていることに。もはや、いったいどっちのほうが形式的なのか全くわからないのだ。

婚礼サービスに学ぶ中国

1カ月を切ろうか、という頃になって、ようやく、私たちのおしりに火がつきはじめた。いくつかのアイディアが浮かぶものの、具体的に動こうとしても、さて、どこから始めればいいのかわからない。そこで、とりあえず遼寧賓館の敏腕マネージャー、高さんへ連絡を入れた。

「1週間前に打ち合わせに来てください。必要なものを準備しますから」

1週間前でいいのか……。と、またソファに寝転がりそうになるのを振り切ってみれば、要するに高さん、「自分でやれ」と言っているのだ。

用意周到にものごとを進めたって、翌日、どうなるかわからない。当日、なにがあるのかさえ、誰にもわからないし、もちろんホテルが責任を取ってくれるわけでもない。

なおかつたちが悪いのは、「今から準備したってしょうがない」のが身にしみて分かってしまっていること。そう、準備や計画など、この国ではあまり意味をなさないのだ。

街を歩けば、けっこうどこにでも婚礼サービス業者というのがあって、そこに一括して頼めば、衣装のレンタルや花飾りやブーケの注文、また伝統舞踊やマジシャンなど手配して、式全体をプロデュースしてくれるのだという。

大和ホテルにも、提携の婚礼サービス業者があった。大ホールを貸し切り、ステージを使った大がかりな演出をする限りは、この業者に一括してお願いすることに決まっているそうだ。会場の飾り付けからライティング、貸衣装まで、すべて窓口ひとつで終わるのだから、当事者も楽だろうなあ。

けれど、私たちのような小ホールでのささやかなパーティーなら、ある程度までは、そこで何をしようと自由だと、高さんからは言われてしまった。大和ホテルとしては、部屋を貸し、食事を出すまで。連日のように趣向の凝らした結婚式が行われる大ホールで荒稼ぎできるわけで、小ホールにはかまってられないということらしい。

とりあえず、当日どうしたいのかを書き出して見る。

・司会者いらない
・ブーケトスなどの新郎新婦によるパフォーマンスなし

やりたいことがでてこない……。数々の超派手婚を目にしてくると、「あんなことはしたくない」ということばかり目につく。このままでは、本当にただの飲み会になってしまうではないか。

「砂絵やってもいいかもね。あれ、超安いんだよ」

ある時、ふと、夫がテレビを観ながらつぶやいた。
砂絵とは、ＯＨＰのような台の上で砂をまきながら絵を描き、その陰影をプロジェクターで映しだすという、中国ではメジャーなアートパフォーマンスである。夫は、幼馴染の結婚式で砂絵を見たことがあるという。
「それだ！」と直感した私は、夫をけしかけ、すぐに砂絵師を探すようお願いした。すぐさま親族一、顔が広いといわれている夫のいとこに電話をかけると、あっというまに、市内の結婚式やイベントで砂絵師として活躍している男性へとつながったのだから、動きだすと早い。

ところがである。

「打ち合わせして、何を描いてもらうか相談しようよ！」とお願いするのだが、これがどうしても実現しない。夫がいとこに何度も希望を伝えるのだが、不思議なくらい、取り合ってくれないのだ。

年上であるいとこの顔をたて、夫がそう強く言えなかったこともある。そしてまた、いとこと砂絵師の間には、別の婚礼業者を介していたようで、そこから何かしらマージンをもらっていた可能性もある。

おそらく直接には砂絵師とやりとりをしておらず、打ち合わせもなにも、「メールで名前と描いてほしい風景を教えて」で簡単に終わらせられる作業を、複雑にしたくなかったのだろう。結局、式当日まで砂絵師と会うことはかなわなかった。

その後も、「400元で、全テーブルに花を飾ってくれるっていうから、それでいいか？」「司会者紹介するよ」などとこまごまと提案があったが、すべて断った。

砂絵師との打ち合わせもままならないのに、司会者など永遠に会えないし、たった80

00円ほどで、10個ある丸テーブルを全て飾るなんて無謀だ。きっとリボンでかさ増しし、ラメをつけまくって輝きを演出した虚しい花飾りだったに違いない。

日本式の「もてなし」を追求すれば当然行われるはずの打ち合わせも、夫や中国人にしてみれば、「一日で終わることを、そんなに一生懸命やってどうするの?」くらいなものだったのかもしれない。来客にとっては、私たちの思いなどに関係のないところで、ご飯を食べにやって来た、というだけの人がいても不思議はないのだから。

自分たちにできる最高のもので、来客をもてなす。

この意識が、中国で結婚式の準備をするときに、一番の障害になった。

一方で、いちいち「安さばかり追求して、いったい何の意味があるの?」とぷんぷんしている私のほうが、中国人からすると理想主義で完璧主義で、子どもじみているように見えたに違いない。

結婚式の準備が教えてくれたこと。私たち日中間には、信じられないほど真逆の、圧倒的な価値観の違いがあるってことだ。そして、それがお互いにベストを模索する過程であっても、正反対の道を行くような考え方と道筋を、行かなければならない。同じ土俵で同じ目的地を目指すことの難しさ。結婚式の準備のときほど、それに向き合わなければならないことはなかった。

当日までの1カ月、ほぼ9割を衝突と喧嘩で進めていった結婚式には、とうとう、私の両親もやってくることになった。そのことが、ちょっと神経を過敏にさせていたことも、また間違いないのだけれど。

幻想に気がついた日

中国式の段取りの良さは、火事場の馬鹿力が出ることだ。計画などなくても、期日さえあれば絶対に間に合わせる、という気合というのか、持ち前のポジティブさが働く。

例によって、ほとんど1週間前になって物事がするすると動きだした。

自分で見つけたブーケを作ってくれる花屋さん、友人の紹介で見つかったヘアメイクさんとは、当日までに少なくとも実際に会ってこちらの希望を伝えることができたものの、それ以外のことは、すべて夫任せ、つまりコネと友人任せ。どうなるかとあたふたした会場の音響や花束の手配など手つかずの案件も、すんなり用意されていたのだから、中国おそるべしである。

言うまでもなく、10月の土曜日の開催となったこの日の大和ホテルは、結婚式三昧だった。シーズン中というのもあろうが、8のつく日にちは慶事に縁起のいい日取り。大ホールでは午前中から、クラブかと思われるようなミラーボールや照明、大音量の音楽が漏れる。伝統芸能の太鼓、出し物を練習する若者の姿、料理を出すタイミングを廊下で待っているボーイさんたち。両脇の小ホールも、その派手婚に隠れるようにして、人が出たり入ったり。ああ、ものすごいお祭り騒ぎである。大和ホテルに感じていた、あの荘厳な重厚感あふれる魅力はどこへやら。こんなことなら、わざわざここで結婚式をすることもなかったのかな――。

そんなことを思いつつの、10月18日午後4時55分。当日、初めて目にすることになった砂絵から、式はやっとスタートしたのだった。

思い返しても、この日に至るまで長かった。10年という月日で、得たものも失ったものも、全部この日でチャラになった気がする。そして、結婚という形にこだわらない、国籍や価値観にしばられないでいたい、という自分が一番、結婚式にこだわっていたことにも気づかされる。

参加した友人らからはこんな言葉をもらった。

「いやあ、すごくよかったよー！　いい結婚式で感動した」

「自分たちで司会をする結婚式は初めて見たよ。やるねえ！」

「あの洋服は自分で作ったの？　すごく似合ってたよ」

派手好きのふわふわドレスが主流の中国で、ショッピングモールで見つけた中国ブランドの店で購入したシルクのワンピースと、友人につきあってもらって仕立てたチャイナドレスが花嫁衣装。司会者は立てず、進行はふたりで。砂絵以外の芸はなく、新郎新婦の儀式は一切はぶき、両親への花束贈呈、来客からのコメントをもらうのみ。本当に、飲み会の延長のような式となったことが、かえって地元の瀋陽人には斬新に映ったということらしい。

私の両親はといえば……。

「なみちゃんが参加するっていうから、私たちも老体に鞭を打ってきたわけよ。だって、お友達が参加するのに両親が参加しない結婚式なんて、恥ずかしいじゃない」

杖をつかずに長時間歩くことのできなくなった母親にとって、パスポート申請から始まり、海を渡って中国へやってくるなんて、最初で最後だと覚悟のこと。

「来年は天津へ行きたいなあ。天津のあの会社社長宅に、泊まらせてくれんかなあ」

呑気に話す父は、すっかり天津の親戚に気に入られ、酒の席とはいえまた会う口約束を交わしたそうだ。

そして夫は、

「来てくれるだけで、完璧」

とひとこと、言った。

この日のためにわざわざやってきてくれた友人を、ひとり、またひとりと見送り、最後に両親を見送る。ほっとしたら、急に力が抜けた。

結婚式をはさんでの1週間。初めて訪れた中国をみんなどう思って帰っていくのか。この国の、リアルな姿を見て、どう感じて帰っていくのか。

当事者でありながら、今の中国のあり様が両親の不安や心配を強めることになりはしないかと、不安でしかたがなかったけれど、それも見事に徒労に終わった。

さすがに、巷のトイレ事情には閉口していたが、レストランでの食事、マンションばかりが立ち並ぶ繁華街、そして旧満州国の形跡を観光しながら、楽しそうに過ごしてくれる。文句よりも先に、「よく来たよなあ」と言わんばかりに、この年になってやっと海外に出られた自分たちを、誇らしげに語るふたりの笑顔は、本当にすがすがしかった。

そしてそれを見て、やっと気づいたのだ。

そうか、やっぱりね、そうだったんだ、と。

この結婚を、どこか普通じゃない。良くないことをしているのではないか。もっとしっかりしなければいけない。そう思いこみ、責め立て、認めようとしなかったのは、ほかならぬ自分であった、ということに。

両親は、とっくに私たちを認めている。諦めている、だとしてもいい。現実は、自分が彼らを避けていただけのこと。10年間抱き続けていたその幻想に気づいたとき、涙がどこからともなく流れて止まらなかった。

九・一八歴史博物館を訪れて

先日、娘を幼稚園に送りにいったとき、校長先生に「春から日本の小学校に入学するため登園は今月いっぱい」と告げた。すると、「好的」（わかりました）の一言。それで、退園手続きが完了した。何のペーパーも、それ以上の会話もなし。3秒だった。

入園当初こそ、「日本人の子ども」だのなんだの言われたけれど、ただの園児のひとりにすぎなかったと痛感する。娘は幼稚園経営を支える収入の一部なのであり、帰国がどうの、娘個人がどうのなどという、幼児教育的な視点で関わってこられたのではないことが、今更ながら伝わってくる。

気がついたら、2年お世話になった李老師はすでに転園してしまっているし、放課後もつるんで遊ぶようなお友達がいたわけじゃない。2年通ったからといって、しがらみなど生じない、幼稚園との関係。多くの子どもたちが、親の都合であちこちと退園、入園を繰り返すからであろうか、幼稚園の先生方のドライさといったら、肩すかしをくらったうえに脱臼しそうだった。

とはいえ、娘の中国語は、めきめきと伸び、いつのまにか現地人と間違われるほどにネイティブ化している。私が中国語を話すのを静止して「ママはしゃべらないで、恥ずかしい」と言うほどにまで成長している。

こうなると、日常生活における彼女の存在は、とてつもなく心強い。なんてったって、子どもは宝なのだから、その子どもが中国語を駆使して私の代わりに中国語でやりとりをして、うまくいかないはずがないのだ。帰国直前にして、娘はすでに私のボディガードと化していた。


九・一八歴史博物館に行ってみようかな。そう思えるようになったのも、娘のおかげである。彼女がいれば、私は「憎い日本人」ではなくなり、中国人の家族を持つ日本人になれるのである。たとえ、それが一瞬のまやかしであったとしても、日本人が嫌いな人にわざわざ日本人だと名乗ることもあるまい。そこで、娘の幼稚園通いが終了し、帰国する1週間前になってやっと、娘の協力を得て出向くことにした。

瀋陽人であれば、だれでも知っている通称「九一八（ジュウイーバー）」。解放記念日ともなっている9月18日前後に、日本人がここをうろうろするのは避けたほうがいいかもしれない場所だ。そのせいか、途中バスを乗り間違え、道に迷い、あげくタクシー移動することになったにもかかわらず、緊張のあまり行き先を「九十八（ジュウスーバー）」と言ってしまい「は？」と聞き返されて、悪寒が走るほどだった。

満州事変の前後、この中国東北部で日本人がいったい何をしたのか。またそれによって何がどうかわったのか。勇敢に戦った地元の英雄たちをたたえるベースにあるのは、日本人の残虐性だった。

これほどまでに死体の山の写真を見たのは、いつぶりだろう。子どもの頃に読んだフランクルの『夜と霧』に掲載されていたアウシュヴィッツ収容所の写真以来かもしれない。衝撃的すぎて、すでに展示ステージ1でもう帰りたい気持ちでいっぱいになった。

「こわい」の意味も測りかねている娘は、薄暗い館内がおもしろいのか、あちこちへ走りまわる。人間か人形かわからないような写真を見つけては、

「このひとたちどうしたの」

「しんだの」

「どうしてけんかしたの」

などと、日本語で堂々と聞いてくる。

そのどれひとつにも、私は答えることができない。ほとんど薄目で写真を流していくしかできない私にしたら、パネルを読む余裕などないからだ。すでに「九一八へ行きました」という既成事実を作るために順路を進んでいくしかなくなっている自分に気づく。

ときどき見える「日中友好」の文字が光だった。戦況が悪化し、大陸に取り残された日本人の子どもたちを中国人家族が引き取り育てたという、残留孤児にまつわる記念碑が見えたころだった。ほとんど汗だくになり、一刻も早く外に出たいと祈るような気持ちで、最後のパネルにたどり着く。そこにあった文字。

「日中友好への協力と、日本の軍国主義への警戒」

それを読んだとき、私ははたと、自分のなかの被害者意識みたいなものから、やっと解放された。

1931年9月18日。その日を忘れまいとする瀋陽の思い。そのためだけに、ここがあり、また、ここがあることで、日本を受け入れようとしている瀋陽の歴史があるということを、私たちはたぶんもっと冷静に、率直に受け止めるべきなんだと思う。

そしてまた、かつてかようにも残虐な行為が行われたことを、言いかえれば、ときにそういう行為を肯定すらできる存在なのだということを、私たちは私たちの意識によって忘れては、いけない。そんなことは、中国に警戒されながら意識するものでも、中国を危険視しながら行うものでもないのだ。やっと、被害者ぶってる自分に気がつき、なんだか、スーッと汗が引くような感覚がした。


外に出ると、めずらしく青空で、巨大な記念碑がそびえたっていて、どことなく美しい。娘も「はあーおもしろかったー」とケロっとした様子で、記念碑を眺めている。

日本やら、中国やら、子どもには関係ないのだ。結局、「けんかした」それ以上に、理解するすべがない。大人の私たちにしたって、つきつめれば、「けんかした」その事実に、なにか巨大な意識がくっついているだけなのだ。

「どうしてにほんとちゅうごくはけんかしたの」と娘が問うので、私はなんとか勇気を振り絞り、こう答えた。

「世界にはいろんな人がいて、中国が嫌いだったり、日本が嫌いだったりする人もいるってことよ。あなたにはふたつの国のお父さんとお母さんがいるでしょう。それってすごくお得なことだよ。ふたつの国の気持ちがわかるってことなんだから。あなたは強いのよ。ものすごく強くて、お得な人だってこと忘れないでね」

なんてうわずべりなことを言っているのだ……と自分に突っ込みながら、これ以上のことも、これ以下のことも、その場所にいた私には言えなかった。娘は、わかったようなわからないような顔をして、「うん」と言った。

それにしてもこの記念館、あまりにも日本人が来づらいのが残念だ。デザインやメッセージ性、という意味ではこれほどの力を発揮できるなんて、瀋陽を見直したほどの施設だっただけに、ここに日本人が来づらいなんて、それこそ本末転倒ではないかと思う。事実がどうのこうの、というよりも、こんなに一方的に責め立てられた歴史から、もっと学びたい、知りたいという意欲など湧いてくるわけないじゃないか。ただ憎しみを増殖させるだけの施設に、未来もなにもない。

本当の歴史を知りたい、日中友好はやっぱりかけがえのないものだ、と心から実感できるような記念館になったらすごくいいのに。

そのためには、たぶん、お互いが心を開く必要があるんだろう。これから、娘の世代が成長していく過程で、もっともっと自由にお互いの意見や気持ちを伝えられる社会ができるといい。そして、それができる関係って豊かだし、やっぱりすごくお得なことだと、ひとりのお母さんは思う。

おわりに

数年、瀋陽という中国大陸の片隅で暮らしてみると、中国人のふるまいの理解できないあらゆることが、人間臭い感覚をもってどんどん迫ってくる。

たとえば、予定を作らなかったり、お金をほいほいと貸したり、電車の中で携帯電話で話したり。そういう生活のこまごまとした理解し難いことのほとんどは、暮らし続けている間にほぼ、解決をみた。「なぜ？」の答えが、やっと見えてきたからだ。

中国をどこか冷やかに見てみたり、日本文化のほうが素晴らしいと優位に立とうとしてみたり、日本人が抱きがちな危うい思考にも気づいた。私自身がそうだったから。

私のような中国人と結婚した一般人でさえ、こうやって現地で暮らす機会でもなければ、気がつかなかったことのほうが多いと思うと、メディアで流される中国やアジアに対するイメージは、とても危ういものに感じられる。

結婚したからって、夫は結局、他人なのである。だからこそ、コミュニケーションにも努力がいる。それも日々、毎分、毎秒。日本人同士だってそうであるのに、国という枠組みをもたされた私たちは、もっとがんばらないといけない。あるいは、割り切らないとやっていけない。

わかってはいても、ささいな言動に、いちいち腹が立つ。時間が経たないと、言い分がさっぱり理解できないときもある。あの時の無礼な態度が、実は親切心だったたってわかることなんて、本当にしょっちゅうある。

そんなふたりの間に生まれた娘は大変だ。夫婦の間に、頻繁に走る緊張の糸を、瞬時にかぎとる。気配を読んでしまう。

けれど、中国語ゼロの状態で、現地幼稚園に放りこまれたうえ、今では鶏の頭から足の指先まで平気な顔して食べる彼女を見ていれば、わかるのだ。生きていくうえで、国籍や国なんて、ほんと、大した問題にならない。大切なものはお金や教育なんかでもない。結局、子どもがすくすくと前向きに育っていくのに一番必要なことは、一番すぐそばにいる大人が今日も笑っているかどうか、それだけだ。

いや、だからこそ、私たちは今日も努力しないといけない。「反日デモ」だとか、「戦後最悪の日中関係」といわれる時代に、今日、今、お互いに向き合って、協力して、分かち合わないといけない。できるだけ小さな理解を積み重ねて、できるだけ笑顔を増やし、子どもが最大限、笑って過ごせるように。


2年と半年を過ごした中国で、私はいちばん尊いことを学んだ。

それは、この世の中に、「あたりまえ」と名のつくものは、存在しない、ということ。

中国は、本当にすごい。外から見聞きする中国とはあまりにもかけ離れているくらい、あたたかくて、めちゃくちゃで、でも、あっけらかん。

ここでそれまで私が信じてきた「正しさ」はすべて否定された。「日本ブランド」はすでに頼れる存在ではなくなったことを知り、よかれと思って示す「マナー」は無視され、そして最後に自分が生まれ変わった。

反発もし、同調もして、やっと、やっと、わかることがあった。

この世の中に「あたりまえ」なんてものは何もないってこと。もし、万国共通のあたりまえがあるとするならば、それは、「感謝の気持ち」。それだけではないか。

逆にいえば、感謝の気持ちさえあれば、どこでだって生きていけるのだ。今でも、「中国大好き！」なんて、私にはとても言えない。でも、人生で一番大事なことを教えてくれた中国、いつだって自分を貫いてくれた夫や家族には、ありったけのありがとうの気持ちでいっぱいだ。

この本に記している情報は、２０１２～２０１４年当時のものです。あれから瀋陽を何度も訪れますが、ここ数年変化のスピードは加速する一方で、もうすっかり変わってしまった事柄や、消えてしまった風景もたくさんあります。

それでも、瀋陽という地方都市での個人的な体験が、日中の理解を深めるきっかけになればと願いを込めて、まとめました。最後まで読んでくださった皆様、長い間執筆を伴走してくださった書肆侃侃房の池田雪さんには、心から感謝申し上げます。

２０１８年1月

高田ともみ

高田ともみ（たかだ・ともみ）

フリーランスライター。愛媛県出身。2005年、日本に留学中だった瀋陽市出身の夫と結婚。2012年、何も考えずに瀋陽へ移住し、日中間のギャップに衝撃を受ける。以後、リアルで身近な中国を伝えたいと、ブログ、ZINE等を通じて発信。家庭内平和から始まる日中友好を実践中。新居浜市を拠点に活動する「ママと暮らしのデザイン社」代表。愛媛新聞にコラム「伊予弁」を執筆。

わたしの中国雑記帳―瀋陽編―
http://inshenyang.exblog.jp/

中国的「今を生きる」生活。

2018年2月16日　第1版第1刷発行

著　者　　高田ともみ
発行者　　田島安江
発行所　　株式会社 書肆侃侃房（しょしかんかんぼう）
〒810-0041　福岡市中央区大名2-8-18-501
TEL 092-735-2802　FAX 092-735-2792
http://www.kankanbou.com
info@kankanbou.com

編　集　　池田雪（書肆侃侃房）
装幀・DTP　園田直樹（書肆侃侃房）
印刷・製本　株式会社インテックス福岡

ISBN978-4-86385-299-0 C0095